U0142979

當代臺灣教育
政策議題分析

楊思偉　　林政逸　　主編

楊思偉	張碧如	葉天喜	林政逸	潘玉龍
黃志雄	王淑玲	蔡霈瑀	張雅玲	周均育
許碧蕙	李宜麟	郭冠毅	葉川榮	王建堯
梁慶銅	劉雅婷	林思騏	合著	

五南圖書出版公司 印行

主編序

　　教育政策與制度是一個國家發展教育的重大架構與推動藍圖。我國近10年來陸續修訂相關教育法規，推動多項重大教育政策。例如：教育部2013年發布《中華民國師資培育白皮書》，作為發布後10年我國師資培育發展的施政藍圖；2014年發布實驗教育三法，鼓勵教育創新與實驗，保障學生學習權及家長教育選擇權；2016年及2018年分別發布《中華民國教師專業標準指引》及《中華民國教師專業素養指引─師資職前教育階段暨師資職前教育課程基準》，作為引領我國師資培育之功能；2017年《師資培育法》修正，實施「先教師資格考後實習」制度。

　　另外，十二年國教課綱的實施，是近年來最重要、也是影響師生人數最多的教育政策之一，從課綱衍生而出的相關法規或政策更是所有教育人員與家長所關心的。課綱所規範的19項教育議題，例如：性別平等教育、品德教育、原住民族教育、生命教育，都是相當重要的議題，中小學教師必須融入課程進行教學。

　　因為教育政策或教育議題數量相當多且內容多元，為使中小學教育人員、師培課程授課教授或師資生能深入了解這些教育政策或議題，編者召集學有專長的學者、教育行政機關主管、中小學教師，共同針對這些政策加以分析，從各項教育政策的背景脈絡、內涵、產生的問題或未來趨勢展望等加以論述，俾使讀者對於各項教育政策或議題都能有清楚的認識。

　　本書的出版，首先要感謝五南圖書出版公司楊榮川董事長慷慨允諾出版本書，黃文瓊副總編輯協助聯繫安排出版合約事宜；其次，感謝編輯部

細心協助編輯與校稿。另外,也特別感謝國立臺中教育大學譚君怡助理教授及葉川榮助理教授協助校稿,為我國教育政策與議題,再增一份文獻,也期盼教育先進針對本書不足之處,提出寶貴修正意見。

主編 楊思偉、林政逸 謹誌

2021 年 5 月

CONTENTS

目錄

CONTENTS

第三篇　教育政策

CONTENTS

第四篇　教育議題

CONTENTS

第一篇

導論

第 1 章

教育行政之組織與運作

楊思偉

國立臺中教育大學名譽教授

壹｜前言

　　臺灣一般行政組織自二戰後至今，因應地方行政制度改變，行政組織也略有調整。目前一般行政大致是均權制，此制是兼採中央集權制與地方分權制的優點，避免其流弊，而採取折衷的方式。至於權限如何劃分，則規定於《憲法》第 108、109、110、111 條，主要的原則在「凡事務有全國一致之性質者劃歸中央，有因地制宜之性質者劃歸地方。」但就教育行政方面來看，仍偏以中央集權制為主在運作。

　　臺灣教育行政制度原分為中央、省（院轄市）、縣（省轄市）三個層級，但在 1999 年實施精省，原為省立之高中職自 2000 年 2 月正式改稱國立；行政機構方面，乃改為二級制，即中央與縣市（包括直轄市）。而中央設教育部主管全國教育行政，原為省之教育行政機關改稱教育部中部辦公室，隸屬教育部，再於 2013 年成立教育部國民及學前教育署；而直轄市設教育局，縣（市）設教育處，為縣（市）教育行政機關。

貳｜各級行政組織

一 中央教育行政體系

　　我國中央教育行政機構為教育部，2012 年中央政府進行組織重整，教育部組織法進行修正，2013 年 1 月 1 日教育部開始精簡組織。目前教育部置部長 1 人，政務次長 2 人，常務次長 1 人，主任秘書 1 人，下設 8 司、6 處、1 會、1 辦公室（教育部，2019a）。茲將教育部設立各單位的名稱和職權簡述如下（教育部，2019a）：

　　（一）綜合規劃司：掌理有關學校衛生資訊、原住民族及少數族群教育和流感防疫等事項。

（二）高等教育司：掌理有關國家高等教育政策講座與學術獎、大專教師資格審查、大專碩博士概況和高教技職簡訊等事項。

（三）技術及職業教育司：掌理有關技職教育政策、技職教育資源、學士後第二專長學士學位學程等事項。

（四）終身教育司：掌理教育基金會、語文成果、家庭教育和樂齡學習等事項。

（五）國際及兩岸教育司：掌理國際合作、兩岸事務、僑外生事務、海外留學、海外臺灣學校、華語教育和港澳文教等事項。

（六）師資培育及藝術教育司：掌理師資培育政策、師資資格檢定、教師證照管理、教師專業進修發展，以及藝術教育政策等事項。

（七）資訊及科技教育司：掌理偏鄉數位關懷、數位學習、網路及資通安全、人文及科技教育和環境及防災教育等事項。

（八）學生事務及特殊教育司：掌理學生事務及輔導、性別平等教育、防治校園霸凌及學生藥物濫用、全民國防教育、教育服務役、特教支持服務和校安中心等事項。

（九）祕書處：掌理檔案應用管理、學產管理資源、國有學產土地租賃、部屬館校統一編號等事項。

（十）人事處：掌理公教人員退撫儲金專區、教育人事法規、人事資料考核、捐助及監管之財團法人等事項。

（十一）政風處：掌理廉政法令、公職人員財產申報、公職人員利益衝突迴避、遊說法、廉政會報等事項。

（十二）會計處：掌理本部及國立社教機構預決算公告、大專校院財務公告網址、學產基金預決算公告等事項。

（十三）統計處：掌理公務與調查統計、教育統計資料查詢系統、性別統計專區、互動式教育統計圖表、應用統計分析與推估等。

（十四）法制處：掌理法制作業、訴願作業、教師申訴作業、國家賠償作業等事項。

（十五）私校退撫儲金監理會：掌理自主投資、私校退撫儲金試算、監理會會訊等事項。

（十六）十二年國教新課綱推動專案辦公室：掌理課程教學研發、課程推動實施、師資培育發展以及入學升學輔導四大系統協作等事項。

除上述各司、處、室之外，教育部尚設有許多部屬機關，供部長諮詢，或承辦一些業務。這些部屬機關包括體育署、國民及學前教育署（國前署）、青年發展署（青年署）。

體育署掌理下列事項：（一）體育與運動政策、制度之綜合規劃、執行與督導及相關法規之研修；（二）運動彩券、運動發展基金、運動產業發展之規劃、執行、督導及獎助；（三）學校體育發展之規劃、執行及督導；（四）全民運動發展之規劃、執行及督導；（五）競技運動發展之規劃、執行及督導；（六）國際及兩岸運動交流發展之規劃、執行及督導；（七）運動設施發展之規劃、執行及督導；（八）職業運動之聯繫及協調事項；（九）國家運動訓練中心之輔導及監督；（十）其他有關體育及運動事項（教育部體育署，2013）。

國民及學前教育署（簡稱國前署）掌理下列事項：（一）高級中等以下學校與學前教育政策、制度之規劃、執行與督導，及相關法規之研修；（二）高級中學與職業學校一般教育事項之規劃、執行及督導。（三）國民中學與國民小學一般教育事項之規劃、執行及督導；（四）學前教育一般教育事項之規劃、執行及督導；（五）高級中等以下學校與學前教育階段特殊教育事項之規劃、執行及督導；（六）高級中等以下學校與學前教育階段原住民族及少數族群教育事項之規劃、執行及督導；（七）高級中等以下學校與學前教育階段校園安全事項之規劃、執行及督導；（八）高級中等以下學校與學前教育階段學校衛生事項之規劃、執行及督導；（九）其他有關高級中等以下學校及學前教育事項（教育部國民及學前教育署，2019）。

青年發展署掌理青年生涯輔導、青年創新能力、青年志工服務、青年

公共參與、青年多元學習、青年國際視野（教育部青年發展署，2019）。另為實際需要，推動有關事項，依教育部組織法設有：國家教育研究院、國家圖書館、國立海洋生物博物館、國立自然科學博物館、國立科學工藝博物館、國立臺灣科學教育館、國立教育廣播電臺、國立公共資訊圖書館、國立臺灣圖書館、國立臺灣藝術教育館、國立海洋科技博物館籌備處等單位（教育部，2019b），教育部為因應國際學術交流的需要設有駐外單位。

我國教育部的組織系統主要有教育部本部及部屬單位國前署、體育署及青年署等，高中以下學校就由國前署負責督導，其系統如圖 1。

二 地方教育行政體系

我國地方教育行政機構包括直轄市（6 個）教育行政機構和縣市教育行政機構兩部分。茲分別說明如下：

（一）直轄市教育行政機構

2010 年 12 月 25 日我國地方制度產生重大變革，臺北縣、臺中縣市、臺南縣市同時升格為直轄市，使得我國直轄市增加為 5 個，分別是臺北市、新北市、臺中市、臺南市和高雄市，其他教育行政組織大同小異。桃園縣則於 2014 年 12 月 25 日升格為我國第 6 個直轄市。茲以臺北市政府教育局為例，說明直轄市的教育行政組織如下：

臺北市政府教育局因應實際的需要，於 1998 年公布修訂該局的組織規程，增設 2 個科和資訊室等。依組織規程之規定，置局長 1 人，副局長 2 人，主任祕書 1 人，下設 9 科和 7 個室，茲將各科的名稱和職權說明如下（臺北市政府教育局，2018）：

1. 綜合企劃科：掌理國際教育、教師專業發展、研究考核及其有關事項。
2. 中等教育科：掌理中等教育推動及其有關事項。

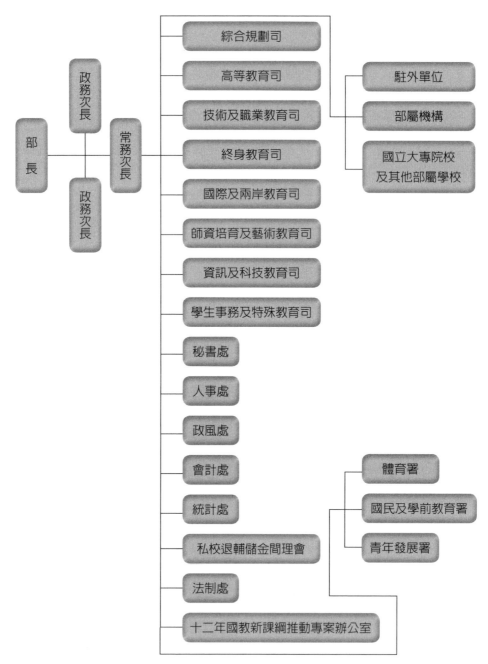

圖 1　教育部組織系統圖

資料來源：作者自行繪製。

3. 國小教育科：掌理國小班級數及教師員額數、新生入學、學力檢測、補救教學、課後照顧、英語教學、本土語言教學、兒童深耕閱讀、實驗教育、兒少保護、學生事務與輔導、學校整體規劃與發展、家長會業務、教育儲蓄戶及安心就學等及其有關事項。

4. 學前教育科：掌理臺北市學前教育及幼兒園管理有關事項。

5. 特殊教育科：掌理特殊教育、藝術才能班教育、學生藝術競賽等事項。

6. 終身教育科：掌理臺北市 2,540 家立案補習班、144 家兒童課後照顧服務中心、12 所社區大學、12 所樂齡學習中心、45 所樂齡學堂、4 所所屬機關、314 家教育基金會、語文競賽、成人教育、老人教育、學習型城市等終身教育業務及其有關事項。

7. 體育及衛生保健科：掌理各級學校體育、衛生保健、環境教育及其有關事項。

8. 工程及財產科：掌理臺北市市立學校、社會教育機構等用地取得與財產管理事項及市立各級學校、社會教育機構營繕工程設計、規劃、發包、監造之事項。

9. 資訊教育科：掌理應用資訊科技於教學與學習、行政資訊化及資訊教育等事項。

10.祕書室：掌理臺北市政府教育局法制、採購、財產、物品及宿舍管理事項，公務車、工友及駕駛員管理及出納等有關事項；文書處理及檔案管理等。

11.資訊室：掌理行政電腦化及協同各科室辦理資訊教育事項。

12.督學室：掌理各級學校與本局所屬社會教育機構之指導考核、策進及參與教育評鑑等事項。

13.軍訓室：掌理督導高中職校全民國防教育及校園安全工作策畫指導及其有關事項。

14.會計室：掌理本局歲計、會計及其有關事項。

15. 統計室：掌理臺北市政府教育局統計及其有關事項。

16. 人事室：掌理負責組織編制、年度預算員額編列、任免遷調、考績獎懲、差勤管理、出國進修、退休撫卹、福利待遇、本局暨所屬人事機構人事人員管理及其有關事項。

17. 政風室：掌理公務機密維護，機關安全維護，預防貪瀆，貪瀆查處，法令宣導，政風訪查等事項。

（二）縣市教育行政機構

目前我國共有 13 個縣市，包括宜蘭縣、新竹縣、苗栗縣、彰化縣、南投縣、雲林縣、嘉義縣、屏東縣、花蓮縣、臺東縣、澎湖縣、金門縣和連江縣（行政院，2019）。政府於 2007 年 8 月 1 日修改地方制度法，將各縣市政府教育局改為教育處。各縣市教育行政組織大同小異，茲參考相關教育文獻，以新竹縣政府教育處為例，說明各縣市的教育行政組織。新竹縣政府教育處目前置處長 1 人，副處長 1 人。教育處之下設有 6 科 1 室 2 中心 1 場，另設一個教育審議委員會，茲詳細說明如下（新竹縣政府教育處，2017）：

1. 學務管理科：主管各級學校學務相關事宜，置科長 1 人，科員 1 人，辦事員 1 人，專案計畫人員 1 人，約聘僱人員若 1 人，候用校長若干人，商借教師若干人。

2. 國民教育科：主管公私立國民教育相關事宜，置科長 1 人，科員 2 人，辦事員 1 人，約聘僱人員若干人，候用校長若干人，商借教師若干人。

3. 社會教育科：主管社會和補習教育相關事宜，置科長 1 人，科員 2 人，管理師 1 人，約聘僱人員 1 人，臨時人員 1 人，候用校長若干人，商借教師若干人。

4. 體育保健科：主管體育和衛生教育相關事宜，置科長 1 人，科員 1 人，辦事員 1 人，營養師 1 人，臨時技術員 1 人，候用校長若

干人，商借教師若干人。

5. 特殊教育科：主管全縣的特殊教育相關事宜，置科長 1 人，科員 1 人，約僱人員 1 人，候用校長若干人，商借教師若干人。

6. 幼兒教育科：主管全縣的幼兒教育相關事宜，置科長 1 人，科員 1 人，約僱人員若干人，商借教師若干人。

7. 督學室：負責全縣各級學校的督導與視察事宜，督學 2 人，專員 1 人，工友 1 人，候用校長若干人，商借教師若干人。

教育處的兩中心為「教育研究發展暨網路中心」和「家庭教育中心」，一場為「體育場」，其組織架構和執掌內容，說明如下（新竹縣家庭中心，2015；新竹縣教育研究發展暨網路中心，2019；新竹縣體育場，2016）：

1. 教育研究發展暨網路中心：置中心主任 1 人，祕書 1 人；中心主任下設會計員及人事管理員、行政組、教學輔導組、研究發展組、資教推廣組、網路管理組和系統維護組；其中，會計員及人事員負責統合中心各組業務、擬定創新計畫及原則、年度經費規劃執行、中心財產管理維護。另外，「教育研究發展暨網路中心」包括「國民教育輔導團」和「校長及教師專業發展中心」。

2. 家庭教育中心：置主任 1 人，綜理家庭教育中心業務，並指揮監督所屬員工。主任下設諮詢輔導組、活動推廣組、研究發展組、兼任會計員和兼任人事管理員。其中，諮詢輔導組設置組長 1 人，組員 3 人，掌理家庭教育人力資源、諮詢及輔導事務；活動推廣組設置組長 1 人，組員 3 人，掌理家庭教育活動之推廣之事項；研究發展組設置組長 1 名，組員 3 名，掌理家庭教育之研究、發展及其他相關事項。

3. 體育場：置場長 1 人，綜理體育場業務。場長下設幹事 1 人，助理員 1 人，技工 1 人，商借教師若干人，約僱人員若干人，約聘人員若干人。

　　除上述各級教育行政機關組織的說明外，在中央與地方教育權限的劃分方面，《憲法》第 108 條規定，教育制度屬於「由中央立法並執行，或交由省縣執行之。」在《教育基本法》第 9 條也規定 8 項中央政府教育權限。在實際運作上，各級教育機構由中央設立（國立）者其經費由中央負擔，由地方設立者其經費由地方負擔。然而，在各級學校的經營管理、人事制度、課程等方面，均由中央政府規定，因此，我國仍偏於中央集權。唯在近年來教育鬆綁後，地方政府在教育人事、課程與財政方面的自主權已大為提高。

參 ┃ 特色問題與趨勢

一 特色

（一）和一般行政結合之體制

　　亦即教育行政和一般行政結合在一起，沒有獨立運作之機制，在國外如美、日都設有教育委員會（或稱教育董事會），其成員之產生各有不同方式，或民選或由首長提名，但可獨立於一般行政外，具較獨立運作之空間；另外如法國另外單獨設置教育行政區，所謂大學區，教育行政區和一般行政區另有所區隔。

（二）採取首長制

　　教育行政之決策和執行權力，集中於首長一人身上，在國外例如美、日將決策和執行分開，比較有制衡之作用。

二、問題與趨勢

（一）教育中立問題非常困難

目前無論是中央或地方教育行政，都難以擺脫政治之束縛，導致政治化決策較為嚴重，有待更進一步之改善。

（二）整體行政運作走向民粹化

行政運作中設有許功能性委員會，如校長遴選委員會、課程審議委員會等，都包含包括教師會、家長、民間團體之代表，導致專業性之會議成為代表性之性質，難以發揮專業行之效用，這問題應做更多釐清。

（三）學校行政也需要做更多之改革

學校層級之行政運作，包含組織、人力、經費、課程運作、設施設備、教職員配置都較少做進一步之研議與改善，亟待有更多相關學界和行政機構共同努力。

參考文獻

行政院（2019）。**政府組織**。2019 年 5 月 13 日擷取自 https://www.ey.gov.tw/state/62879155A536D543/f3662cb7-5806-4755-8aba-ab1d44b97d7a

教育部（2019a）。**本部各單位**。2019 年 5 月 13 日擷取自 https://www.edu.tw/cp.aspx?n=AFBAFABE2BDA9035&s=831DB5067D671449

教育部（2019b）。**部屬機構**。2019 年 5 月 13 日擷取自 https://www.edu.tw/cp.aspx?n=C9E2F005EA52E2D5&s=BE060DCA92EEB298

教育部青年發展署（2019）。**青年署簡介**。2019 年 5 月 13 日擷取自 https://www.yda.gov.tw/Content/Messagess/contents.aspx?SiteID=563426067575657313&MmmID=563426105120410336

教育部國民及學前教育署（2019）。**組織架構**。2019 年 5 月 13 日擷取自 https://

www.k12ea.gov.tw/Tw/Common/SinglePage?filter=32543FE9-5028-47D0-8313-6533806441CB

教育部體育署（2013）。**教育部體育署組織法**。2019 年 5 月 13 日擷取自 https://www.sa.gov.tw/PageContent?n=114

臺北市政府教育局 (2018)。2019 年 5 月 13 日擷取自 https://www.doe.gov.taipei/News.aspx?n=6A3C0AA8AFE8DA04&sms=6D8BD84B88303C7D

新竹縣政府教育處（2017）。**組織架構**。2019 年 5 月 16 日擷取自 http://doe.hcc.edu.tw/files/11-1120-43.php

新竹縣家庭中心（2015）。**組織**。2019 年 5 月 16 日擷取自 http://hcc.familyedu.moe.gov.tw/SubSites/Pages/Detail.aspx?site=f99ba154-cc90-47c8-b002-1ae974b550eb&nodeid=1003&pid=3456

新竹縣教育研究發展暨網路中心（2019）。**組織架構**。2019 年 5 月 16 日擷取自 http://www.nc.hcc.edu.tw/files/11-1119-127-1.php

新竹縣體育場（2016）。**新竹縣體育場業務職掌**。2019 年 5 月 16 日擷取自 http://stadium.hcc.edu.tw/files/15-1141-160987,c2812-1.php

第 2 章
學制現況與發展趨勢

楊思偉

國立臺中教育大學名譽教授

壹｜前言

教育學術體系中，「教育制度論」是傳統教育學中很重要之研究領域，主要論述教育制度之基本理論和制度相關實務。教育制度之範圍較寬，包括學校制度、教育行政制度、教育財政制度、師資培育制度、社會教育制度等。因此，教育制度可定義爲「爲推動有意圖的、有組織性的教育，且保有一定的持續性，是被社會所承認之教育組織」（眞野宮雄，1979）。而「學校制度」僅就學校體制論述，是「爲保障接受教育之權利，特意設計之制度性的架構」（眞野宮雄，1979）。

世界各國學制，因教育文化和歷史發展而有不同之制度發展，1900年以後歐洲各國和美國對教育之重視，學制可分成雙軌制（傳統的概念是指貴族和平民雙軌，如英國）、多軌制（或稱刀叉制，依能力分成三管道，如法國、德國等）、單軌制（如美國等）三種，其差異主要是在中學階段將普通和職業合在一起或分流進行。日本和臺灣相似，都在九年義務教育後，後期中等教育（高中職階段）分成幾種學校類型，因此也不是單純的單軌制或雙軌制，雖然日本學者自稱是單軌制，因其以不分貴族和平民雙軌而認定之，而筆者認爲也許可稱做多軌制較適宜。

臺灣本地的學制，1949年以後承續中華民國統治大陸地區的制度。而中華民國的學制，延續清末建立的西方新式學制。自清末至民初，係直接模仿自日本，間接模仿自歐洲。1922年新學制公布時，轉而模仿美國，開始實施6-3-3-4學制。這樣的制度其後並沒有做更動。而臺灣在日治時期，接受殖民教育，日本政府所訂的學校制度較爲複雜，基本上採取雙軌制和菁英制，將日本人與臺灣人子弟分開教育，並限制向上升學的臺灣子弟人數，但基本上當時教育大致逐步發展，爲臺灣民情開化奠定了基礎。政府播遷來臺，也沿用在大陸時期之制度，即小學6年、初中3年、高中3年及大學4年的制度。唯一較大的變動是，1968年實施9年國民教育，將初中納入國民義務教育的範圍，改稱國民中學，而當時的初級職

業學校併入國民中學，將職業教育延後至高中才實施。至於各國學制，至高中為止非常多元樣態，包括 6-3-3 和 8-4 等（美）、5-4-3（法）、6-5-3（英）、6-3-3（日）等，另外義務教育一貫學校（6+3）、中學一貫學校（3+3）或十二年一貫學校等在一些國家在推動中（楊思偉，2020）。

　　進而，目前臺灣有「十二年國民基本教育」之用語，是依據教育基本法而訂出之用語，臺灣法律界定小學和國中是義務教育，也稱國民教育，但高中職後期之三年，不是義務教育，但已是準義務教育，並不適合稱做國民教育，所以後來就將共十二年之教育稱做「國民基本教育」了。

　　目前全世界之教育制度，都已經從傳統之菁英制教育，只讓有能力之國民才能向上就讀之制度，走向美國式之普及制度，凡所有國民都儘量促使能讀更多的書，接受更高之教育，所以臺灣也因教育非常普及，因此所有國民至少都能接受至少到高中階段之教育，也有超過 85% 左右之國民能進入廣義之高等教育就讀，所以呈現教育過度擴充，和學歷貶值之問題。本文礙於篇幅限制，僅論述至後期中等教育階段為止，高等教育階段就不做討論。

貳 ┃ 學制概述

　　我國學校系統以層級言，可分為 4 個階段：幼兒園、初等教育、中等教育、高等教育。幼兒園階段 4 年，就學年齡為 2 至 6 歲前。初等教育 6 年，在國民小學實施。中等教育 6 年，前 3 年在國民中學實施，後 3 年在高級中學或高級職業學校實施。大學校院一般修業 4 年，牙科為 6 年，醫科為 7 年。碩士班一般修業 2 至 4 年、博士班一般修業 3 至 6 年。

　　自 1968 年以後，國民義務教育由 6 年延長為 9 年。在 9 年義務教育之上，可分為 4 個軌道：普通型高中、技術型高中、綜合型高中與單科型高中。在普通教育系統，學生於國中畢業後可以升入高級中學，進而升入

大學校院。在技職教育系統方面，學生於國中畢業後可以升入技術高中或五專，技術高中畢業生可升入 2 年制專科學校或 4 年制技術學院，2 年制專科學校畢業者也可進入 2 年制技術學院。自 1990 年代中期以後，許多專科學校紛紛升格為技術學院，技術學院升格為科技大學，使得技職教育國道更為寬廣，而專科學校已大量減少，這是所謂「第二條國道」。

在進修學校方面，稱為「第三條國道」，分為國民補校（國小補校、國中補校）與進修補校（分為高中補校、高職補校、專科補校、進修學院）2 類；其程度分別相當於國小、國中，及同性質之高級中等學校、2 年制專科及大學。1983 年起，曾開辦「延長以職業教育為主之國民教育」，招收 18 歲以下自願不升學之國中畢業生入學，稱作「實用技能班」，採彈性年段式修業。另外於 1986 年 7 月設立空中大學，提供取得大學程度之進修機會，可頒授學士學位。2002 年更公布《終身學習法》，推動回流教育，並進一步擴展到非正規教育，提倡學習型組織的理念。

另外，依學校性質言，除普通教育體系外，尚有特殊教育系統，自 1984 年制定特殊教育法以後，我國特殊教育有長足的發展。在專設之特教學校方面，分為啟明（收盲生）、啟聰（收聾生）、啟智（收智能不足學生）、仁愛（收肢體殘障學生）等 4 類，其程度可分為幼稚部、國小部、國中部、高職部 4 階段；一般中、小學中，推動融合教育，將特殊生和一般生儘量合在一起上學。

臺灣學年度之期間為每年 8 月 1 日至次年 7 月 31 日，並以 8 月 1 日所屬之曆年為學年度之名稱，例如：93 學年度之期間，為 2004 年 8 月 1 日至 2005 年 7 月 31 日。每學年區分為 2 學期，第 1 學期自 8 月 1 日至次年 1 月 31 日，第 2 學期自 2 月 1 日至 7 月 31 日。自 2000 年會計年度起，經費收支改為曆年制，亦即從 1 月 1 日起至 12 月 31 日止，因此，會發生一個學年度，跨越二個會計年度的情況。

自 2001 年 2 月 1 日起實施學校週休二日，各級學校每週上課 5 天，國民中小學規定每學年需上課 200 天，每學期上課 20 週。在寒暑假方

面，中小學寒假期間約爲 3 週，大專校院寒假期間約爲 4 週，通常在元月下旬至 2 月下旬之間，配合農曆春節調整。中小學暑假期間約爲 2 個月（8週），通常自 7 月 1 日起至 8 月 31 日止。大專校院暑假期間約爲 2 個半月（10 週），通常在 6 月下旬至 9 月中旬之間。

參｜各級學校制度

一 學前教育

臺灣學前教育機構在 2013 年以前，包括幼稚園與托兒所 2 種，幼稚園由教育部主管，托兒所由內政部主管。但 2013 年推動幼托整合後，所有的學前教育機構，統一正名爲幼兒園。根據 2018 年修訂後的《幼兒教育及照顧法》第 3 條規定，幼兒園的教育對象爲幼兒，泛指滿 2 歲以上至國小入學前之人；同法規定教保服務的目的爲：(1) 維護幼兒身心健康；(2) 養成幼兒良好習慣；(3) 豐富幼兒生活經驗；(4) 增進幼兒倫理觀念；(5) 培養幼兒合群習性；(6) 拓展幼兒美感經驗；(7) 發展幼兒創意思維；(8) 建構幼兒文化認同；(9) 啟發幼兒關懷環境（全國法規資料庫，2018a）。

幼兒教育及照顧的方式可包含：居家式托幼、幼兒園、社區互助式、部落互助式、職場互助式等 5 種；幼兒園除公立學校附設者及分班免置園長外，應設置園長 1 人，以及教師、教保員及助理教保員；其中，幼兒園有 5 歲至入國民小學前幼兒之班級，其配置之教保服務人員，每班應有 1 人以上爲幼兒園教師，而且幼兒園助理教保員之人數，不得超過園內教保服務人員總人數之 3 分之 1（全國法規資料庫，2018）。

教育部執行「擴大幼兒教保公共化計畫」，此計畫自 2017 至 2020 年，爲期 4 年。主要目標爲：(1) 擴大近便性與可及性兼具之公共化教保服務，增加幼兒入園之機會，並確保弱勢幼兒接受教保服務之機會；(2)

協助企業設置托兒設施供員工就近托育，營造友善家庭、婦女及兒童之環境。其具體執行策略有 4 項，包含：(1) 完善保母照顧體系；(2) 提升公共化幼兒園比例；(3) 設立公共化幼兒園；(4) 研修放寬相關法令規定（教育部，2017：21-25）。

另外，除教育部推動「擴大幼兒教保公共化計畫」，另中央之行政院推動「我國少子女化對策計畫（2018 年至 2022 年）」，其目標為：整體 2 至 5 歲幼兒入園率至 2022 年達 68%，其中就讀公共及準公共幼兒園者占整體招收人數 7 成，快速翻轉平價教保服務量能。其中，在「0-5 歲全面照顧」方面，以「擴展平價教保服務」及「減輕家長負擔」為二大主軸，雙軌推動下，具體策略有：加速擴大公共化供應量、建置準公共機制和輔助擴大發放育兒津貼（教育部，2018）。

目前學前教育階段，經幼托整合後，正邁入幼兒教保準公共化，然幼托整合過程中所遭遇的師資、設備、空間、家長負擔等問題，透過此次擴大幼兒教保準公共化計畫的執行，能否使幼兒園獲得更多的資源，而解決幼托整合後所產生的各種問題，亦或加重先前幼托整合後的問題，或是帶來新的問題，有待觀察與評估。

二 小學教育

初等教育是指小學 6 年的教育，我國最早推動九年義務教育，後來推動十二年國民基本教育。其中九年義務教育，又稱九年國民教育，即包括小學 6 年和國中 3 年。

初等教育在我國全稱是「國民小學」，國民小學招收對象為滿 6 歲之兒童，修業 6 年。根據國民教育法規定，國民教育以由政府辦理為原則，並鼓勵私人興辦。目前國民小學主要由直轄市或縣（市）政府負責設置，並採學區制。2018 年統計之資料，私立國民小學的比率約 1%。在全部 2,631 所中，私立只有 35 所（教育部統計處，2019）。

從《國民教育法》的規定可知，我國國民教育有三種主要特色（全國

法規資料庫，2016a）：

（一）培育健全國民：《國民教育法》規定，國民教育以養成德、智、體、群、美五育均衡發展之健全國民為宗旨。

（二）全民性與強迫性：《國民教育法》第 2 條規定：「凡 6 歲至 15 歲之國民，應受國民教育；已逾齡未受國民教育之國民，應受國民補習教育。」同條第 2 項規定：「6 歲至 15 歲國民之強迫入學，另以法律定之。」

（三）免學費：《國民教育法》第 5 條規定：「國民小學及國民中學學生免納學費；貧苦者，由政府供給書籍，並免繳其他法令規定之費用。」

目前我國中小學課程以實施十二年國民基本教育課程綱要為主，重視核心素養之教育目標。基於「自動」、「互發」和「共好」的課程理念。

十二年國民基本教育課程綱要之核心素養，強調培養以人為本的「終身學習者」，分為 3 大面向：「自主行動」、「溝通互動」、「社會參與」。3 大面向再細分為 9 大項目：「身心素質與自我精進」、「系統思考與解決問題」、「規劃執行與創新應變」、「符號運用與溝通表達」、「科技資訊與媒體素養」、「藝術涵養與美感素養」、「道德實踐與公民意識」、「人際關係與團隊合作」、「多元文化與國際理解」（教育部，2014：3-4）。

三 前期中等教育 —— 國中

中等教育可分前期與後期 2 個階段，前期是指國中，共有 3 年，後期是指高中（或高職）階段，也是 3 年。前期國中為義務教育，後期高中為國民基本教育。2018 年統計之資料，國中共有 737 所，其中私立為 15 所（教育部統計處，2019）。

學生於國民小學畢業後，隨即依學區分發入學國民中學，修業 3 年。根據《國民教育法》規定，國民教育以由政府辦理為原則，並鼓勵私人興辦。目前國民中學主要由直轄市或縣（市）主管教育行政機關負責設置，私立國民中學甚少。

2001 年以前，國中生升入後期中等教育（非義務）的方式，是參加各分發區的聯招考試；2001 年以後，「聯招」改爲「國民中學基本學力測驗」（簡稱「基測」），2014 年以後，「國民中學基本學力測驗」又改爲「國中教育會考」，每年 5 月舉行考試，其考試科目包括：國文、英語（包含聽力）、數學（包含非選擇題）、社會、自然及寫作測驗。國文、數學、社會及自然評量結果分爲「精熟」、「基礎」及「待加強」等 3 個等級，寫作測驗分爲 1 至 6 級分（國立臺灣師範大學心理與教育測驗研究發展中心，年代不詳）。

國中教育會考雖取代傳統的「基測」，並採用「多元方式」入學，但有人批評其爲「20 萬人的大聯考」、「學生壓力仍然存在」、「在五月考試，造成學習不足與學校亂象」等問題，因此有關國中生如何進入後期中等教育仍有待深入研議。

四 後期中等教育——普通高中

(一) 基本現況

根據高級中等教育法規定，高級中學的類型有四種：(1) 普通型高級中等學校：提供基本學科爲主課程，強化學生通識能力之學校；(2) 技術型高級中等學校：提供專業及實習學科爲主課程，包括實用技能及建教合作，強化學生專門技術及職業能力之學校；(3) 綜合型高級中等學校：提供包括基本學科、專業及實習學科課程，以輔導學生選修適性課程之學校；(4) 單科型高級中等學校：採取特定學科領域爲核心課程，提供學習性向明顯之學生，繼續發展潛能之學校（全國法規資料庫，2016b）。

根據 2016 年 6 月 1 日修正公布的《高級中等教育法》規定，高級中等學校應由中央政府、直轄市政府、縣（市）政府或私人設立（全國法規資料庫，2016b）。

自 1996 年起試辦綜合型高級中等學校，主要是招收性向未定的國中畢業生，藉試探輔導歷程，輔導學生自由選課，以延後分化；對於性向較

確定者，亦可提供跨學術與職業課程機會，以培養通識能力，達成適性發展目標。然目前在高級中等學校名稱上，已無綜合型高級中等學校（綜合高中）此一名詞，而是改由各類型高級中等學校辦理綜合學程。2018 年，開設綜合學程的高級中等學校有 71 所，總計班級數有 1,101 班（綜合高中中心學校，2019；教育部統計處，2019）。

所謂完全中學，是指國中與高中階段學生之中學。此種中學的主要功能是希望舒緩國中學生升學壓力，並均衡城鄉高中發展。教育部自 1996 年起試辦完全中學。2018 年時，全國有 213 所完全中學（教育部統計處，2019），但在學制圖中未特別呈現，也沒有特有的課程綱要。

《高級中等學校教育法》第 1 條規定：「高級中等教育，應接續九年國民教育，以陶冶青年身心，發展學生潛能，奠定學術研究或專業技術知能之基礎，培養五育均衡發展之優質公民為宗旨。」又同法第 5 條規定：「技術型高級中等學校，提供專業及實習學科為主課程，包括實用技能及建教合作，強化學生專門技術及職業能力之學校。」（全國法規資料庫，2016b）《教育部國民及學前教育署補助高級中等學校產業特殊需求類科要點》第四點提及：技術型高級中等學校群科可包含：機械群、動力機械群、化工群、設計群、土木與建築群、農業群、食品群、海事群、水產群等（全國法規資料庫，2019）。

（二）後期中等教育問題與改革

目前我國在後期中等階段，學校性質包括：普通型高級中等學校（普通高中）、技術型高級中等學校（高級職業學校）、綜合型高級中等學校、單科型高級中等學校、科技大學或技術學院附屬五專部之前 3 年；就學校類型而言，除普通高中、高職外，另有完全中學、單科高中、綜合學程及實用技能班等，學制已呈現相當多元，整體發展趨勢包括（教育部國民及學習教育署，2017a、2017b、2017c、2017d）：

1. 執行高級中等學校免學費，但目前高中有排富條款，職業類則免

學費，但收取一部分雜費。

2. 提升高級中等學校優質化，推動「優質化方案」。

3. 充實高級中等學校資源，均衡區域與城鄉教育發展，推動「均質化方案」。

4. 落實中學生性向探索與生涯輔導，引導多元適性升學或就業。不過，仍有若干問題尚待解決，包括：

(1) 區域教育素質均衡不等。

(2) 技職教育逐漸失去定位與功能。

(3) 升學競爭仍然嚴重。

(4) 學生品德教育有待加強。

 **參考文獻**

全國法規資料庫（2016a）。**國民教育法**。2019 年 5 月 15 日擷取自 https://law.moj.gov.tw/LawClass/LawAll.aspx?PCode=H0070001

全國法規資料庫（2016b）。**高級中等教育法**。2019 年 5 月 15 日擷取自 https://law.moj.gov.tw/LawClass/LawAll.aspx?PCode=H0060043

全國法規資料庫（2018）。**幼兒教育及照顧法**。2019 年 5 月 14 日擷取自 https://law.moj.gov.tw/LawClass/LawAll.aspx?pcode=H0070031

全國法規資料庫（2019）。**教育部國民及學前教育署補助高級中等學校產業特殊需求類科要點**。2019 年 5 月 16 日擷取自 http://edu.law.moe.gov.tw/LawContent.aspx?id=FL042856&KeyWord=%E6%8A%80%E8%A1%93%E5%9E%8B%E9%AB%98%E7%B4%9A%E4%B8%AD%E7%AD%89%E5%AD%B8%E6%A0%A1

國立臺灣師範大學心理與教育測驗研究發展中心（年代不詳）。**國中教育會考**。2019 年 12 月 3 日擷取自 https://cap.nace.edu.tw/background.html

真野宮雄（1979）。**現代教育制度**。東京：第一法規出版社。

教育部（2014）。**十二年國民基本教育課程綱要——總綱**。2019 年 5 月 15 日擷

取自 https://cirn.moe.edu.tw/Upload/file/1106/67027.pdf

教育部（2017）。**擴大幼兒教保公共化計畫（106-109 年度）**。2019 年 5 月 15 日擷取自 http://stats.moe.gov.tw/files/analysis/son_of_foreign_106.pdf

教育部（2018）。**我國少子女對策計畫（107 年至 111 年）**。2019 年 5 月 15 日擷取自 https://www.edu.tw/News_Plan_Content.aspx?n=D33B55D537402BAA&sms=954974C68391B710&s=1F066099DDDA393B

教育部國民及學前教育署（2017a）。**高級中等學校免學費方案**。2019 年 5 月 16 日擷取自 https://www.edu.tw/News_Plan_Content.aspx?n=D33B55D537402BAA&sms=954974C68391B710&s=E518A259751102B5

教育部國民及學前教育署（2017b）。**高級中等學校優質化補助**。2019 年 5 月 16 日擷取自 https://www.edu.tw/News_Plan_Content.aspx?n=D33B55D537402BAA&sms=954974C68391B710&s=6A0263AA37049AF2

教育部國民及學前教育署（2017c）。**十二年國民基本教育實施計畫**。2019 年 5 月 16 日擷取自 https://www.edu.tw/News_Plan_Content.aspx?n=D33B55D537402BAA&sms=954974C68391B710&s=37E2FF8B7ACFC28B

教育部國民及學前教育署（2017d）。**高級中等學校評鑑實施方案**。2019 年 5 月 16 日擷取自 https://www.edu.tw/News_Plan_Content.aspx?n=D33B55D537402BAA&sms=954974C68391B710&s=37EFA42A56427021

教育部統計處（2019）。**主要統計表──歷年**。2019 年 5 月 15 日擷取自 https://depart.moe.edu.tw/ED4500/cp.aspx?n=1B58E0B736635285&s=D04C74553DB60CAD

楊思偉（2020）。比較教育（第二版）。臺北：心理出版社。

綜合高中中心學校（2019）。**綜高學校**。2019 年 8 月 5 日擷取自 http://163.23.175.9/School.aspx

第二篇
十二年國民基本教育

第 3 章

十二年國民基本教育

張碧如

屏東科技大學技職教育研究所副教授

壹｜前言

　　行政院於 2014 年 8 月全面實施十二年國民基本教育（以下簡稱「十二年國教」），讓臺灣從九年的義務教育，向上延伸了三年的基本教育到高中階段，以期透過教育年限延長，來提升國民素質、厚植國家實力。這也成為臺灣自 1968 年推動九年國民義務教育之後的另一個重大教育改革。

　　十二年國教的推動，是以《高級中等教育法》第 2 條：「九年國民教育及高級中等教育，合為十二年國民基本教育」為根基。其中，前九年的國民教育是依《國民教育法》相關規定，對象為 6 至 15 歲學齡之國民，主要內涵為：普及、義務、強迫入學、免學費、以政府辦理為原則、劃分學區免試入學、單一類型學校及施以普通教育。後三年的高級中等教育則依《高級中等教育法》相關規定，對象為 15 歲以上之國民，主要內涵為：普及、自願非強迫入學、免學費、公私立學校並行、免試為主、學校類型多元及普通與職業教育兼顧（教育部，2016；教育部，2017）。

　　在十二年國教推動之後，課程仍依循之前的九年一貫課綱及高中課綱，也就是國小、國中的課程，與高中課程分別規劃。一直到 2019 年落實《十二年國民基本教育課程綱要》（教育部，2014），才將各教育階段的課程統整，也終於完成十二年國教政策的最後一塊拼圖。本文僅就國教向上延伸為十二年的政策層面進行分析，至於目前受到極大關注的十二年國教課綱，則有另文進行討論。

　　簡言之，本文主要在說明十二年國教的發展、內涵，以及問題與趨勢。

貳│十二年國教的發展

一 十二年國教發展的需求

國民教育向上延伸的需求，是其來有自的。包括：這是全球化教育革新的潮流，以及，這是因應臺灣內部社會環境的需求（教育部，2017）。

首先，在時代進步與民主發展趨勢下，受教育不再是優勢或菁英階級的專屬權利，而是衡量民主自由、維護基本人權、促進社會進步的普世價值的作為。在「教育是基本人權」前提下，菁英教育應該轉向全民教育，教育範圍也應該從基礎教育全民化，邁向中等教育全民化。目前，各國國情不同而有不同教育年限，大體的共同主張包括：普及、免學費、義務及強迫入學等。根據陳清溪（2013），我國是全球第 30 個實施 12 年以上國民教育的國家，也算是符合國際教育發展的趨勢。

在國內的社會環境方面，根據陳清溪（2013），我國在 1968 年實施九年國民義務教育，其目的是在舒緩國小升國中的壓力，並提供基層技術的人力。多年之後，升學壓力已從國中延伸到高中，因此十二年國教有其需求。此外，少子女化及高齡化社會的壓力，以及生態永續經營、數位科技蓬勃發展等衝擊，也讓該教育改革勢在必行。根據教育部統計資訊網（2019），我國國中畢業生在 101 學年度以後的升學率都達到 99% 以上，足見我國已經是一個十二年國教的國家了。

二 十二年國教發展的沿革

十二年國教的推動，是經過各方人士的長期規劃與準備的。根據楊思偉（2006）及楊朝祥（2013），自 1983 年迄今的 13 任教育部長，對十二年國教的議題都投入相當心力。陳清溪（2013）並將這整個國民教育年限延長的過程，歸納成四個階段：

(一)第一階段（1983-1992）：延長以職業教育為主的國民教育

這個階段主要是從 1983 年實施「延長以職業教育為主的國民教育」計畫開始。當初的這個延教班，為自願不升學的國中畢業生開辦了以職業教育為主的年段式課程。1989 年時，延教班納入學制，之後又改稱為實用技能班。

(二)第二階段（1993-2000）：推動第十年技藝教育

這個階段主要是開辦國中技藝教育班，並銜接一年的實用技能班，期望能因此推動第十年技藝教育。當時學制的調整也考慮了技職教育的需求，例如：83 學年度起試辦完全中學，85 學年度起試辦綜合高中，讓學校的型態更加多元。此外，也透過入學方式的調整，縮短高中與高職間的差距，包括 87 學年度起實施的高中職多元入學方案、89 學年度起採行的高職免試登記入學等。

(三)第三階段（2001-2010）：推動十二年國教計畫之前置措施

這個階段主要是奠定推動十二年國教前置作業的基礎，包括：推動高中職社區化方案、高中及高職多元入學方案、優質高中輔助計畫、優質高職－產學攜手計畫、大學繁星計畫等。此外，十二年國教的實質前置推動工作也逐步建立，包括：發展「十二年一貫課程參考指引」、發布「齊一公私立高中職學生學費方案」、成立「行政院十二年國民基本教育推動小組」、成立「教育部十二年國民基本教育工作小組」等。

(四)第四階段（2011-）：推動十二年國民基本教育

2011 年馬前總統在元旦祝詞中，宣示十二年國教的啟動，並於 2014 年正式上路。期間，行政院成立十二年國教推動會、教育部成立十二年國教推動小組，積極研議相關實施計畫及配套措施。2011 年 9 月 20 日核定「十二年國民基本教育實施計畫（包括 29 個方案）」；2012 年 3 月 22

日通過《高級中等教育法》草案與《專科學校法》部分條文修正草案，賦予實施十二年國教的法源依據。

參｜十二年國教的政策內涵

經過政府長期的研究、規劃、試辦與準備，2011 年 9 月 20 日終於訂定「十二年國民基本教育實施計畫」，並在 2017 年 10 月 12 日完成核定，成為引領 2014 年十二年國教的基礎。其內容包括三大願景、五大理念、六大目標，以及七大面向的 29 個實施方案等（如圖 1）。

一 三大願景

1. 提升教育品質。
2. 成就每一個孩子。
3. 厚植國家競爭力。

二 五大理念

1. 有教無類：不分種族、性別、階級、社經條件、地區等，教育機會一律均等。
2. 因材施教：面對不同智能、性向及興趣的學生，設置不同性質與類型的學校，並透過不同的課程與分組教學等方式，作為施教的基礎。
3. 適性揚才：透過適性輔導，引導學生了解自我的性向與興趣，以及社會職場和就業結構的基本型態。
4. 多元進路：發展學生的多元智能、性向及興趣，進而找到適合自己的進路，以便繼續升學或順利就業。
5. 優質銜接：高級中等教育一方面要與國民中學教育銜接，使其正

十二年國民基本教育系統架構

十二年國民基本教育已完整架構,其願景、理念、目標及各方案關係圖如下:

◉ 十二年國民基本教育的願景、理念、目標、方案關係圖

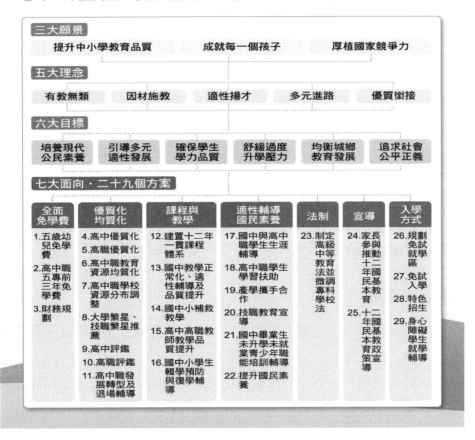

圖1　十二年國民基本教育的願景、理念、目標、方案關係圖
資料來源:十二年國民基本教育實施計畫,2017,p. 22。

常教學及五育均衡發展；另一方面也藉由高級中等學校的均優質化，均衡城鄉教育資源，使全國都有優質的教育環境。

三 六大總目標

1. 培養現代公民素養。
2. 引導多元適性發展。
3. 確保學生學力品質。
4. 舒緩過度升學壓力。
5. 追求社會公平正義。
6. 均衡城鄉教育發展。

四 七個面向下的 29 個實施方案

十二年國教的落實，主要包括七個面向及 29 個實施方案。以下僅就比較重要的面向進行說明。

（一）優質化、均質化

在免試入學的升學管道中，學生原則上只能選擇所屬的免試就學區內的高中職就讀，因此，提升每個學校的教育品質，讓每個學區都有優質的學校，才能免除學生及家長對名校學區的迷信，進而吸引學生願意就近入學、達成學區畫分的目標。

教育部的做法，包括優質化及均質化之相關補助方案，以及評鑑制度的推動。優質化及均質化補助方案主要是透過大量經費的投入，來幫助學校的「優質化」，並在該過程中，平衡學區間教育品質落差，達到「均質化」目的。評鑑制度的推動，主要是作為補助方案的總結性評量，並確保優質化、均質化目標的達成。

（二）課程與教學

　　為了提升各階段教育的課程與教學品質，除了建構統整十二年國教的課綱外，對教學的重視，以及對學生協助的增加，都是規劃的項目。

　　在課綱方面，2014 年十二年國教推動後，當年底頒布《十二年國民基本教育課程綱要》，並於 2019 年正式實施。期望能從課程改革角度，來解決國中小九年一貫課程與高中課綱未能銜接的問題。

　　在教學的重視上，主要是希望國中教學正常化、高中職教師教學品質提升。根據《國民中小學教學正常化實施要點》（教育部，2013a），教育正常發展包括編班正常化、課程規劃及實施正常化、教學活動正常化、評量正常化等四個面向，並有獎懲措施來鼓勵其落實。

　　對學生的協助，主要包括國中小補救教學，以及國中小輟學生的預防與輔導。

（三）入學方式

　　為了降低學生升學壓力，達到適性揚才願景，十二年國教採用多元入學方案。根據《高級中等學校多元入學招生辦法》（教育部，2013b），國中畢業生有免試入學及特色招生兩大入學管道。免試入學是指依性向、興趣、志願等，選擇直升或進入就學區內之學校就讀；特色招生入學是指依其術科或學科能力，分別以術科甄選或學科考試分發方式，進入辦理特色招生之學校就讀。特色招生名額在 103 學年不得超過 25%，之後會逐年減少，因此主要的升學管道，是免試入學。

　　免試入學是學生依需求，登記自己所屬免試就學區內的高中職或五專就讀。登記人數未超過主管機關核定該學校的招生名額時，即全額錄取；登記人數超過時，就要依超額比序的條件來決定誰能就讀。

　　超額比序的內容相當多元，會考成績最多只占總積分的 1/3（所以學生在畢業時，仍需參加國中教育會考），其他多元學習表現的項目包括：志願序、服務學習、體適能、擔任社團或學校幹部、參加競賽成績等。

肆│問題與趨勢

一 問題

有關十二年國教政策的問題,討論相當多,主要包括:

(一)政策的必要性不足

十二年國教政策的必要性,可能有所不足,包括是否需要免學費,甚至是否需要讓國教向上延伸。首先,儘管有排富規劃,高中職及五專前三年免學費的政策還是造成政府財務上的負荷。當政府財政有困難,該作為會排擠到其他教育經費的支出,形成挖東牆、補西牆的窘境。其次,現有制度下,學生對進明星高中的堅持降低了,就讀高職的意願逐年提升,所以,以免學費政策來鼓勵學生就讀高職的作法,似乎也多此一舉。最後,國中畢業生升學率已經這麼高的今日,是否還需要國教向上延伸,也是值得討論的。

(二)理想過高、範圍過大、目標難以達成

十二年國教的三大願景、五大理念、六大目標都相當有理想性,但臺灣教育問題錯綜複雜,需要改革的層面太廣,結果是,十二年國教推動了,但讓人有匆促上路、配套不足的感嘆;29 個方案正逐步進行中,但其成效也令人擔憂。因理想過高、範圍過大,十二年國教的目標能否達成,成為關注的焦點。

(三)入學方式太過複雜

十二年國教推動中,最受關注、也面臨最多挑戰的,是升學的問題。首先,升學管道太複雜,家長、學生、老師難以了解,容易形成民怨。其次,超額比序的適切性及評比的客觀性也可能不足。例如:服務學習是否會造成強迫學生勞動,或強化學生在形式上努力,而不必然對從事

該活動有興趣；證照的認證，是否會因弱勢家庭無法負擔相關費用而造成立足點的不公平；國中會考只分 ABC 三個等級（精熟、基礎、待加強），成績的概念很模糊，是否會造成升學的漏洞，也讓人擔心。

最後，免試入學是否是最好的選擇，也有所爭議。當免試入學比例不斷提高，考試入學的能力分校框架被打破時，高中職學生的異質性會加大，差異化教學的難度就更高了。同時，特色招生比例逐年降低的結果，也可能讓學校的特色消失。

未來改革趨勢

十二年國教政策的必要性雖然有所爭議，但如能思考未來改革的趨勢，應能讓推動更順利。

（一）應建構教育的共識

十二年國教是在進行一場降低升學壓力的革命，但一般大眾的理念仍是強調競爭。當理念沒有共識、彼此的立場又截然不同時，政策推動難有成效。在七大執行面向中，雖有「推廣」的工作，但多是在提升大眾對十二年國教的理解，對教育共識的著墨較少。因此，進行想法的解構、重新思維教育的其他可能，是未來改革的重要趨勢。

（二）應提升師資品質

一個政策要順利推動，人的因素最重要；在教育第一線的老師，是教育改革的關鍵。所以，唯有提升教師的素質，教改才有希望。

然而，29 個方案中，課程與教學的面向只提到國中教學正常化、適性輔導、教學品質的提升等，真正能支持教師品質提升的師資培訓卻闕如。什麼樣的師資培訓能幫助老師成為十二年國教政策的推手，這些師訓該如何規劃與落實，是後續要關注的。

（三）應做滾動式的修正

2014 年十二年國教上路、2019 年十二年國教課綱實施，都是教育上的巨大變革。因為變革範圍太大、影響過鉅，落實過程中一定會有無法完全涵蓋的狀況出現。所以，在執行過程中維持滾動式修正，是政策目標能否達成的關鍵。

參考文獻

教育部（2013a.5.6）**國民中小學教學正常化實施要點**。2020 年 6 月 4 日，取自 https://edu.law.moe.gov.tw/LawContent.aspx?id=GL001120

教育部（2013b.8.23）。**高級中等學校多元入學招生辦法**。2020 年 6 月 4 日，取自 https://law.moj.gov.tw/LawClass/LawAll.aspx?pcode=H0060044

教育部（2014.11）。**十二年國民基本教育課程綱要**。2020 年 6 月 4 日，取自 https://www.naer.edu.tw/files/15-1000-7944,c639-1.php?Lang=zh-tw

教育部（2016.06.01）。**高級中等教育法**。2020 年 6 月 4 日，取自 https://law.moj.gov.tw/LawClass/LawAll.aspx?pcode=H0060043

教育部（2017.10.12）。**十二年國民基本教育實施計畫**。2020 年 6 月 4 日，取自 https://www.edu.tw/News_Content.aspx?n=D33B55D537402BAA&s=37E2FF8B7ACFC28B

教育部統計資訊網（2019）。**國小、國中、高級中等學校畢業生升學率**。2020 年 6 月 4 日，取自 https://www.stat.gov.tw/ct.asp?xItem=15423&CtNode=3635&mp=4

陳清溪（2013）。十二年國民基本教育政策之探討。**教育資料與研究，109**，53-77。

楊思偉（2006）。推動十二年國民教育政策之研究。**教育研究集刊，52**(2)，1-31。

楊朝祥（2013）。釐清十二年國教政策爭議。**教育資料與研究，109**，1-24。

第 4 章

十二年國民基本教育課程綱要政策與實務運作問題

葉天喜

臺中市立和平國民中學校長

國立臺中教育大學教育學博士

壹｜前言

　　《教育基本法》第 11 條明訂國民基本教育應視社會發展需要延長其年限，故教育部於 2000 年舉辦「第 8 次全國教育會議」、2003 年召開「全國教育發展會議」，皆揭櫫「推動十二年國民基本教育」為重要施政措施，希望延長國民基本教育年限，將高中、高職及五專前 3 年予以納入並加以統整，藉以提升國民素質與國家實力。因此就現行課程實施成效進行檢視，持續強化中小學課程之連貫與統整，實踐素養導向之課程與教學（教育部，2014）。

　　另按《國民教育法》第 8 條明訂中央主管機關應訂定國民中小學課程綱要及其實施之有關規定，作為學校規劃及實施課程之依據。基於前述兩項法源基礎，教育部於 2014 公布《十二年國民基本教育課程綱要總綱》（以下簡稱 108 課綱），並於 2019 年正式實施，取代《國民教育階段九年一貫課程總綱綱要》（以下簡稱九年一貫課程），延續九年一貫課程「以培養學生具備基本能力為導向，以學習領域為主要內涵」的架構（學習領域於 108 課綱改稱為領域），並將能力導向深化為素養導向，符應目前臺灣社會發展需要的國民基本教育。本文係以 108 課綱政策為評析主題，並剖析其實務運作遭遇的問題，檢視其利弊得失，提供教育工作者省思。

貳｜課綱政策

　　108 課綱係由國家教育研究院、教育部技術及職業教育司進行課程研發，國家教育研究院「十二年國民基本教育課程研究發展會」負責課程研議，教育部「十二年國民基本教育課程審議會」負責課程審議。此次研修係就現行九年一貫課程實施成效進行檢視，並本於憲法所定的教育宗旨，

盱衡社會變遷、全球化趨勢，以及未來人才培育需求，持續強化中小學課程之連貫與統整，實踐素養導向之課程與教學，以期落實適性揚才之教育，培養具有終身學習力、社會關懷心及國際視野的現代優質國民（教育部，2014）。衡諸 108 課綱政策形成過程與九年一貫課程相比較，有下列 3 項特色：

一 由專責機構研發國家課程

我國課程政策雖由中央教育部制定，交由地方教育局（處）及學校執行，但九年一貫課程研發係由任務編組擔負重任，未設置國家級課程研究機構進行課程發展。教育部於 1997 年 4 月成立「國民中小學九年一貫課程專案小組」，研訂課程總綱架構，開啟一系列的政策形成過程，2000 年頒布暫行綱要，2003 年再次微調後頒布確定版課程綱要，歷經五任教育部長，始於 2004 年進入全面實施的政策執行階段。由任務編組之課程專家主導試辦與檢討，導致九年一貫課程政策從課程目標到課程概念與綱要，再到教科書編寫與師資培訓等環環不相扣的現象，課程政策規劃與政策執行的衝突性高，成為課程政策執行問題的最大肇因（陳寶山，2010）。

而 108 課綱研發則由國家教育研究院主導，為國家課程研究發展中心，可依組織章程與機構權責挹注與管用相關教育研究資源與專家，專責課程規劃、研究、實驗、發展與諮詢，可長期且穩定提供課程政策執行的重要回饋資訊。本次課程政策執行由教育部所屬國家教育研究院主導，統合下列措施、資源與人員予以整備（教育部全球資訊網，2017）：

1. 擴大前導學校規模，累積新課綱轉化經驗：2014 年 11 月公布 108 課綱之總綱，提前約 5 年公告周知確定版總綱，並以前導學校試行。105 學年度國中小學有 74 所前導學校，普通型高中 45 校、技術型高中和綜合型高中共 29 校，合計 148 校；並自 106 學年度起逐步擴大 1 倍之前導學校數。另外，配合科技領域課程的調

整，亦規劃自 106 學年度起辦理科技領域前導學校。

2. 持續強化素養導向教學的專業實踐與支持：教育部持續強化對教師素養導向教學及教科用書出版社在素養導向教材發展上的支持。包括發展素養導向教材教學模組、編定各領域／科目課程手冊、強化與教科用書出版社對話及準備、鼓勵教師（跨領域／跨校）共備社群等。

3. 做好師資準備及專長培訓：108 課綱新增科技領域及新住民語課程，其師資自 105 年度開始分別培訓新住民語教學支援工作人員，及由相關師培大學開設增能學分班及第二專長學分班。

4. 完善各項法規配套：教育部全面盤整及檢視現行相關法規，新增及修訂多項法規。部分法規草案研擬完成後，即交由前導學校先予試行並提供修正建議。

5. 提前籌列各項經費，支持學校接軌新課綱：相關經費於 107 年度起分 3 年逐年編列，提早 1 年開始充實學校因應新課綱實施所需之相關設備與教學環境更新。

108 課綱之總綱與各領域綱要的研發，大多由九年一貫課程中央輔導群現任專家及學者擔任，可將九年一貫課程執行的優劣長短與應興應革，完整具體地落實在下一代的新課綱，確保 108 課綱實施後不再出現上述課程政策規劃與執行的衝突，提供課程政策執行更好的成功條件。

■ 增加國家責任與指導

九年一貫課程政策以鬆綁、統整為特色，強調草根性、由下而上的改革，並建立各校特色、發展學校本位課程，將課程決定權由中央教育部下放至各國民中小學，在課程綱要的授權下，各校組成課程發展委員會，主動、自主而負責地去規劃、設計、實施和評鑑學校課程（陳寶山，2010）。衡諸日本 2000 年左右新自由主義下日本中小學學校經營改革，學校裁量權限擴大、校內責任體制確立、學校加大經營責任、建立參加型

學校經營等，凸顯出建立市場競爭、消費者選擇機制以及績效責任等理念（楊思偉、陳盛賢、許筱君，2013），九年一貫課程可見新自由主義改革派的色彩。

然而九年一貫課程歷經近廿年的實施後，我國仍未完全紓解過度的升學壓力、落實五育均衡的教育，再加上近年來家庭日趨少子女化、人口結構漸趨高齡化、族群互動日益多元、網路及資訊發展快速、新興工作不斷增加、民主參與更趨蓬勃、社會正義的意識覺醒、生態永續發展益受重視，加上全球化與國際化所帶來的轉變，使得學校教育面臨諸多挑戰。為了因應社會需求與時代潮流而與時俱進，十二年國民基本教育之課程發展處於如此的脈絡下，即研發出本於全人教育的精神，以「自發」、「互動」及「共好」為理念，強調學生是自發主動的學習者，以「成就每一個孩子—適性揚才、終身學習」為願景，成為具有社會適應力與應變力的終身學習者，期使個體與群體的生活和生命更為美好（教育部，2014），期待 108 課綱實施後可回應更多國家需求，擔負更大社會責任，因此整體課程政策已自「國家責任最小化、個人責任最大化」的新自由主義改革派哲學影響之下所進行的賦權增能改革，微幅擺盪回「增加國家責任、減少開放彈性」的現實派新自由主義。

換言之，108 課綱仍保留九年一貫課程政策打破學科界限的合科領域架構，亦期待學校本位的課程發展，但其政策內涵卻更可見由中央制定明確的政策執行藍圖，交由地方政府與學校確實遵守，配合履行，微調九年一貫課程政策之執行方式。108 課綱的總綱及各領域課程綱要與九年一貫課程相比較，其正式文件之內涵與篇幅皆有增加；108 課綱展現的下列 4 項改變，可見「增加國家責任、減少開放彈性」的轉向：

1. 擴展課程的連貫與統整：國民小學、國民中學及高級中等學校教育階段間的縱向連貫，一來強化各教育階段銜接，二來注重各領域間的橫向統整，強化各領域與教育階段之間的更完整連結。
2. 強化學校本位課程發展之規範：除了部定課程外，國中小階段亦

規劃「彈性學習課程」，確立其應以嚴謹的課程具備要件來發展，而非以寬鬆的學習時間來實施，落實學校本位及特色課程。

3. 增加課程實施的配套協作：教育部同時成立「中小學師資、課程、教學與評量協作中心」，透過相關主政單位的參與，整合規劃課綱實施的完善配套措施，如：前導學校、相關法規研修、選修課程落實、師資培育與進修、考招連動及產業鏈結等，以支持課程與教學的順利實施（田振榮、余政賢、李大偉等，2015）。

4. 基本能力擴展爲核心素養：核心素養的研擬係以九年一貫課程十大基本能力與現行高級中等教育階段課程的核心能力爲基礎，接應當前國際素養導向課程與教學發展趨勢（田振榮、余政賢、李大偉等，2015），將九年一貫的能力指標，增補擴展爲以素養爲導向的學習重點（包含學習表現與學習內容等兩面向），加強國家課程對學校實施的指導力度。

三 承續現有課程運作機制

九年一貫課程政策的執行，課程決定權由中央教育部下放至各國民中小學，依據課程綱要的規定，各校應成立「課程發展委員會」，下設「各學習領域課程小組」（108課綱改稱爲各領域／群科／學程／科目教學研究會），於學期上課前完成學校課程計畫之規劃、決定各年級各學習領域學習節數、審查自編教科用書及設計教學主題與教學活動，並負責課程與教學評鑑。學校課程發展委員會之組成方式，由學校校務會議決定之。而學校課程發展委員會成員應包括學校行政人員代表、年級及領域教師代表、家長及社區代表等，必要時得聘請學者專家列席諮詢（教育部，1998），充分考量學校條件、社區特性、家長期望、學生需要等相關因素，結合全體教師和社區資源，發展學校本位課程，並審慎規劃全校總體課程計畫。學校課程計畫應由學校課程發展委員會通過後，於開學前陳報各該主管機關備查，並運用書面或網站等多元管道向學生與家長說明。

　　108 課綱承續九年一貫課程發展與審議之運作機制，辦理上述發展學校本位課程，並規劃全校總體課程計畫等事宜。惟 108 課綱納入高級中等教育階段，所以新增規定：為有利於學生選校參考，高級中等學校應於該年度新生入學半年前完成課程計畫備查與公告說明。另 108 課綱指出，各校應明訂「課程發展委員會組織要點」，且須經校務會議通過成立「課程發展委員會」和「各領域／群科／學程／科目教學研究會」，因此各校課程發展委員會和各教學研究會之運作屬學校權責（陳玟樺，2017），故課程發展委員會執掌未有全國統一性規定。但大致而言學校課程發展委員會權責為：掌握學校教育願景，發展學校本位課程，並負責審議學校課程計畫、規劃並審查彈性學習課程、審查全年級或全校且全學期使用之自編教材及進行課程評鑑等（教育部，2014）；另在學校行政實務上，尚可協調重大課程爭議，或議決其他有關學校課程發展事宜。

參 ┃ 課綱實務運作問題

　　108 課綱政策形成過程有前述 3 項特色：由專責機構研發國家課程、增加國家責任與指導，以及承續現有課程運作機制等，因此於課程政策制定過程時間較為充裕，組織合作及專家學者準備充分，除普通高中社會領域微調課綱外，大致而言在課程正式實施前的宣導推廣與前導學校試行皆稱平順。但是 108 課綱在實務運作上仍可能遭遇問題挑戰，例如課綱內容增加且由上而下交辦基層，造成有些基層學校教師無心（力）解讀；由國家機構研發課程，並增加國家指導內容，傳遞國家特定意識形態；或是課綱僅微調，教師容易以原有心態或習性輕忽應付。

■ 課綱內容繁複而不易解讀

　　由於 108 課綱研修由專責機構研發，多由九年一貫課程中央輔導群

現任專家及學者擔負重任，因此將九年一貫課程執行的優劣長短與應興應革，完整具體地落實在新課綱，再加上新課綱需要回應時代脈絡、國家需求與社會問題，從新自由主義改革派的立場移動至現實派，致使108課綱概念、內涵與篇幅皆有所增加而繁複；但許多教師長久僅關注教學現場切身有關的班級經營及教學任務，108課綱所導入的課程實踐新概念與繁複指引，實在不易主動去解讀，或是了解後但無心或無力去落實。

就以基本能力擴展為核心素養為例，九年一貫的能力指標增補擴展為以素養為導向的學習重點（包含學習表現與學習內容等兩面向），便可使用雙向細目表一一轉化為教學層面的課程或教學目標，若求轉化周延，則課程或教學目標勢必比能力指標轉化量多且繁複，對於基層教師而言並非簡化教學工作，增加新課綱落實的困難度。

國家指導增加傳遞特定意識形態

儘管《憲法》及《教育基本法》主張教育中立，但課程內容從來就不是中立的（王麗雲，2002），雖然108課綱審議已圓滿結束，但課綱審議過程中卻風波不斷，包含國文必修時數調降，搶救國文團體連署抵制，拒絕教育部降低國語文必修課程時數，並呼籲將高中的中國文化基本教材恢復為必修（自由時報，2014）；課綱審議程序的正當性令人質疑、社會領域課程綱要的去中國化、課綱審議委員學生代表的專業性等（楊思偉、李宜麟，2020）。在推動課綱微調的過程中，對於基層教師及各方意見的蒐集與討論有所不足，引發對程序正當性的批評（王麗雲、賴彥全，2018）。

此次社會領域課綱微調爭議很大的一部分是臺灣主體史觀與大中國史觀的爭議，在核心爭議兩側還有較為極端的統一史觀與榮日史觀（黃政傑，2016）。兩派的共同點都認為自己重視臺灣地位，但卻有非常不同的詮釋方式，以致產生這些政治爭議及其對應的史觀。而《高級中等教育法》廣納各界人士參與課綱審議，並需經立法院審查名單，看似符合多

元原則，但參與課程決定的代表者，需能公正、客觀地考量不同觀點，不能只是代表自己的立場，目前的代表制恐仍離公共思辨很遠，讓課程決定只是「合法的」比誰的拳頭大，而非真正的公共思辨（王麗雲、賴彥全，2018）。這些情形都顯示出 108 課綱審議過程存在著特定意識形態之爭。

108 課綱代表的是國家教育的理念，一經研修公布之後，就變成了各級教育行政機關、中小學校以及教師據以實施的最重要文本。課程原本就是個政治的場域，充滿了意識形態，有著不同的觀點，也涉及不同的利害關係人。在多元社會中，這個情形更為明顯，所謂的理念／理想課程代表的是多元群體的異見，彼此間會有衝突（林永豐，2020）。本次課綱研修由專責機構綜理相關權責，增加國家理想課程之內容與指導，所聘專家學者多與研修專責機構長期合作互動，雖有溝通默契之優勢，但也可能減少不同的觀點／不同的利害關係人的涉入，形成意識形態同溫層或爭議的沉默者，而將特定的意識形態藉由國家課程傳遞給學校師生。

三 課綱僅微調容易輕忽應付

學校課程發展委員會自九年一貫課程開始設立運作，延續至 108 課綱繼續執行，長年以來各校已熟悉運作程序。但長久運作就容易產生輕忽不察的弊病，部分學校就當例行公事而了無新意、敷衍應付；又 108 課綱仍保留許多九年一貫課程政策、概念與形制，教學與行政任務繁重的教師，比較容易用原有的觀念與方式應付，例如能力指標尚未完全落實的問題，更改為學習重點後解讀轉化更為繁複，實在無法預料核心素養就能順利落實。所以九年一貫課程未能解決的問題，應該要重新盤點並持續解決，倘若沒有於 108 課綱增補更新的方法予以處理對症下藥，恐將會持續發生在學校教學現場。

肆｜結語

　　課程改革是漫長的接力賽，從九年一貫課程到 108 課綱，與時俱進配合社會變遷、全球化趨勢，以及未來人才培育需求，延續各時代課程改革的成果。經過漫長的課程改革後，在教育現場許多改變正在發生，例如以學生為主、多元學習與評量、注重學習歷程、學生合作學習、關注意義而學等長期追求的教育理想，在認知上已廣為教師接受。108 課綱研訂承續既有課綱的基礎、考量時代及社會變化，在政策上穩定周延，更期待在既有的優勢基礎上興利除弊，匯集更多主動積極的教育力量，實踐「自發」、「互動」及「共好」的進步理念，期使個體與群體的生活和生命更為美好。

參考文獻

王麗雲（2002）。中文拼音政策的爭議與課程政治面向的反省。**教育研究集刊，48**(1)，95-131。

王麗雲、賴彥全（2018）。教育政治歧見之處理：由 A. Gutmann 民主教育觀點反思高中課綱微調爭議與出路。**教育研究集刊，64**(3)，1-40。

田振榮、余政賢、李大偉等（2015）。**同行：走進十二年國民基本教育課程綱要總綱**。新北市：國家教育研究院。

自由時報（2014，5 月 2 日）。國文必修時數調降，搶救國文團體連署抵制。取自 http://news.ltn.com.tw/news/life/breakingnews/999384

林永豐（2020）。誰來解釋課綱的疑義？**臺灣教育評論月刊，9**(1)，20-25。

教育部（1998）。**國民教育階段九年一貫課程總綱綱要**。臺北：作者。

教育部（2014）。**十二年國民基本教育課程綱要總綱**。臺北：作者。

教育部全球資訊網（2017，4 月 16 日）。107 學年度落實多元選修，108 學年度新課綱穩健實施。取自 https://www.edu.tw/News_Content.aspx?n=9E7AC85F

1954DDA8&s=D0F033700D0680CC

陳玟樺（2017）。國民中小學學習領域課程小組之分析：從《九年一貫課程綱要》到《十二年國民基本教育課程綱要》。**臺灣教育評論月刊**，**6**(2)，100-105。

陳寶山（2010）。九年一貫課程政策執行評析。**教育資料與研究雙月刊**，**92**，47-74。

黃政傑（2016）。評高中微調課綱廢止後的震盪。**臺灣教育評論月刊**，**5**(8)，50-58。

楊思偉、李宜麟（2020）。日本中小學課綱研訂與審議運作模式之探討。**臺灣教育評論月刊**，**9**(1)，65-71。

楊思偉、陳盛賢、許筱君（2013）。新自由主義下日本中小學學校經營改革之研究。**臺中教育大學學報：教育類**，**27**(1)，1-17。

第 5 章

十二年國民基本教育課程評鑑實務

林政逸

國立臺中教育大學高等教育經營管理碩士學位學程教授兼學程主任

壹 | 前言

基於對於學校教育品質的提升、績效責任的要求、家長與社會大眾對於學校教育的關心，以及對於教育政策或方案成效的檢驗等因素，教育評鑑所扮演的角色益形重要（張鈿富，1999；秦夢群，1977）。

課程評鑑屬於教育評鑑之一環。依據《十二年國民基本教育課程綱要》（以下簡稱課綱），學校要定期針對課程設計、實施與效果進行課程評鑑，課程評鑑屬於學校課程發展委員會之職掌（教育部，2014），因此，學校教育人員必須了解課程評鑑之意涵、課程評鑑之相關法規與實施方法，透過課程評鑑之回饋訊息，改進學校課程、進行課程修正、改善教師教學與學生學習，以不斷精進學校課程之品質。

貳 | 課發會運作現況與課程評鑑

一 課發會運作與課程評鑑

依據課綱規定，學校為推動課程發展應訂定《課程發展委員會組織要點》，經學校校務會議通過後，據以成立「學校課程發展委員會」（以下簡稱課發會）。依據課綱，學校課發會應掌握學校教育願景，發展學校本位課程，並負責審議學校課程計畫、審查全年級或全校且全學期使用之自編教材及進行課程評鑑等（教育部，2014）。由課綱規定可知，學校課發會除了規劃學校教育願景、發展學校本位課程以及審查學校課程之外，還必須負責進行課程評鑑的工作，所擔負之工作相當繁重。

依據課綱，有關「課程評鑑」的實施，有以下規定（教育部，2014）：

1. 各該主管機關應建立並實施十二年國民基本教育課程評鑑機制，以評估課程實施與相關推動措施成效，運用所屬學校及各該主管

機關課程評鑑過程與成果資訊，回饋課程綱要之研修，並且作爲課程改進之參考；中央主管機關可建置學生學習成就資料庫，評鑑部定課程實施成效。

2. 各該主管機關應整合課程相關評鑑與訪視，並協助落實教學正常化；課程評鑑結果不作評比、不公布排名，而是做爲課程政策規劃與整體教學環境改善之重要依據。

3. 學校課程評鑑以協助教師教學與改善學生學習爲目標，可結合校外專業資源，鼓勵教師個人反思與社群專業對話，以引導學校課程與教學的變革與創新。學校課程評鑑之實施期程、內容與方式，由各該主管機關訂定之。

■ 國民中學及國民小學實施課程評鑑參考原則

教育部國民及學前教育署（2018）訂定《國民中學及國民小學實施課程評鑑參考原則》，以下先分別敘述該法規之重要條文；其次，評析這些條文之重點，以及對於學校進行課程評鑑可能產生的影響。

1. 學校實施課程評鑑之目的

(1)確保及持續改進學校課程發展、教學創新及學生學習之成效。

(2)回饋課程綱要之研修、課程政策規劃及整體教學環境之改善。

(3)協助評估課程實施及相關推動措施之成效。

從上述法條所提及之評鑑目的可以看出，課程評鑑的主要目的在於希望提供課程設計、實施與效果等「回饋訊息」給主管教育行政機關或學校，了解課綱之「實施成效」，並提供課綱「修訂或改善」學校課程與教學之重要參照依據。換言之，學校課程評鑑並非要排名或比較各校優劣，而是聚焦於教師的教學與改善學生學習。

2. 學校課程評鑑之對象

學校課程評鑑，以學校課程總體架構、領域學習課程及彈性學習課程爲對象。

前項各課程對象之評鑑，應包括課程之設計、實施及效果等層面；其評鑑內容如下：

(1)課程設計：課程計畫與教材及學習資源。

(2)課程實施：實施準備措施及實施情形。

(3)課程效果：學生多元學習成效。

前項學生多元學習成效，應運用多元方法進行評量，並得結合學校平時及定期學生學習評量結果資料爲之。學校實施課程評鑑，得參考附件，進行自我檢視。

3. 學校課程評鑑之組織及進行方式

學校實施課程評鑑，宜分工合作，就選定之評鑑課程對象，結合其課程發展及實施之進程適時爲之；並得結合既有課程及教師專業發展組織運作適時進行，例如：學校課程發展委員會、領域教學研究會、科目教學研究會、年級或年段會議、教師專業學習社群、共同備課、觀課、議課活動，或教學檔案評估等。

4. 學校進行課程評鑑之人力

學校課程發展委員會規劃及實施課程評鑑，得結合下列專業人力辦理：

(1)校內各（跨）領域／科目教學研究會教師、教師專業學習社群教師及專長教師。

(2)邀請或委由其他具教育或課程評鑑專業之學校、專業機構、法人、團體或人員規劃及協助實施。

5. 學校進行課程評鑑之方法

學校實施課程評鑑，應就受評課程於設計、實施與效果之過程及成果性質，採用相應合適之多元方法，蒐集可信資料，以充分了解課程品質，並進行客觀價值判斷。

前項課程評鑑之多元方法，包括文件分析、內容分析、訪談、調查、觀察、會議對話與討論及多元化學習成就評量等。

6. 學校課程評鑑結果之運用

學校應及時善用課程評鑑過程、結果之發現，辦理下列事項：

(1)修正學校課程計畫。

(2)檢討學校課程實施條件及設施，並加以改善。

(3)增進教師及家長對課程品質之理解及重視。

(4)回饋於教師教學調整及專業成長規劃。

(5)安排補救教學或學習輔導。

(6)激勵教師進行課程及教學創新。

(7)對課程綱要、課程政策及配套措施提供建議。

7. 學校課程評鑑之後設評鑑

學校應定期就實施課程評鑑之效用性、可行性、妥適性及正確性等，進行檢討，並即時改進。

此項法條提到的是「後設評鑑」的概念，是參考美國 Joint Committee on Standards for Educational Evaluation（JCSEE）（2004）發展出「教育方案、計畫及教材的評鑑標準」（Standards for Evaluations of Educational Programs, Projects, and Materials）方案標準（惟略過第五項「評鑑績效性」指標標準）。學校進行課程評鑑，可能會對課程評鑑產生一些想法或建議，學校可以提出來，俾利修正整個課程評鑑方案，使課程評鑑方案更臻於完善。

參｜實施課程評鑑可能面臨之問題與解決策略

以下針對國中、小實施課程評鑑可能面臨之七項問題提出說明，並針對這些問題提出可行的解決之道，供國中、小實施課程評鑑時參考。

■一 「彈性學習課程」評鑑不易實施，學校必須凝聚共識加以規劃

從《國民中學及國民小學實施課程評鑑參考原則》可知，學校課程評鑑是以「學校課程總體架構、領域學習課程及彈性學習課程」為對象，在這三者中，各校在「學校課程總體架構」、「領域學習課程」大致相同，但因為「彈性學習課程」分為四類，且各校實施的彈性學習課程種類又不同，在進行課程評鑑時，將會遇到較多問題。例如：「彈性學習課程」的課程時間長短不一，有些課程可能長達一年，有些課程也許幾週即進行完畢，不同的實施時間，如要分開評鑑，學校會增加一些負擔；其次，因為「彈性學習課程」分為四類，在這四類中，還有不同的規劃（例如：食農教育、國際教育……），如何確立課程評鑑的目標？選定評鑑人員？選擇評鑑方法？蒐集哪些課程評鑑的資料？學生學習成效如何評估？都將考驗學校人員的智慧，必須花費一些時間與精神共同研究加以實施。

■二 學生學習成效多元複雜不易評量，必須兼顧各種學習成效

《國民中學及國民小學實施課程評鑑參考原則》提到要評量「學生多元學習成效」，關於何謂「學生多元學習成效」，學校在進行課程評鑑時，可能對於此點會比較困擾。王如哲（2010）認為學生學習成效包含以下：

（一）兼顧「直接的」和「間接的」學生學習成效

直接的學習成效係指學生在接受教育前、後之行為變化，亦即接受教育後之「終點行為」減去接受教育前之「起點行為」所產生之實質變化，代表的是「直接的」學生學習成效。間接的學生學習成效，則是指受過教育之學生在經歷一段長時間後才能顯現的效果。

（二）兼重「認知的」、「情感的」及「動作技能的」不同向度學生學習成效

在衡量學生學習成效上，如果只集中於單一向度，則不僅會窄化學習成效，亦有造成以偏蓋全之危險。

（三）可涵蓋「國家的」、「機構的」、「方案的」、「班級的」等層級之學生學習成效

總綱的目標屬於「國家層級」的目標，學校的願景或目標則屬於「機構層級」的目標；此外，學校規劃的課程方案或是班級教師自行規劃的課程則分別屬於「方案的」或「班級的」課程。學校在進行課程評鑑時，必須思考課程的不同層級，擬訂不同的課程目標，檢核學生在這些不同層級的課程成效表現如何？

除了上述三項原則之外，學校在進行課程評鑑時，也應兼顧量化數據及質性描述，並且可以用前、後測呈現學生進步情形，更能全方位呈現學生的學習成效。

三 避免課程評鑑淪為次要活動，學校必須重視課程評鑑的主體性

從《國民中學及國民小學實施課程評鑑參考原則》可知，學校實施課程評鑑的組織及進行方式，相當多元且具有彈性，可以利用學校現有之課程發展或教師專業組織進行，或是結合現行學校進行之共同備課、觀課、議課活動。其優點在於簡便易行，不會增加學校太多負擔，但因為是結合現行課程發展或教師專業組織進行，讓課程評鑑失去主體性，變成只是附加的活動，亦有可能產生流於形式之問題。

四 為使課程評鑑專業化，課程評鑑人員必須兼具教育評鑑知能並受教育評鑑倫理規範

有關學校進行課程評鑑人員的條件，《國民中學及國民小學實施課程評鑑參考原則》的規範相當多元，可以由校方教師進行，也可以委託外在專業機構或人員進行。但如果是前者，必須思考學校教育人員是否具備教育評鑑知能？其次，進行課程評鑑的教育人員還須受到教育評鑑倫理之規範，避免產生寬大的誤差（大多評高分或高的等第），流於形式。惟有具備這些條件，方能進行專業的課程評鑑。

五 各種評鑑方法各有其優點與限制，學校宜加以選擇

有關學校進行課程評鑑的方法，法條提到多元的方法，惟各種方法都有其優、缺點以及適用的地方，學校必須針對不同的評鑑指標加以選擇。其次，學校必須利用相關會議場合，正確解讀評鑑指標與評鑑重點，了解各項評鑑指標的真正意涵，方能選擇合適的評鑑方法以及準備相對應的佐證資料。再者，不論是常用的問卷調查、觀課或訪談師生，學校都必須確保教師具備編製問卷的基本技術、觀課的專業知能或具有訪談的培訓或相關經驗等，方能進行專業的課程評鑑。

六 為免評鑑徒具形式，學校應善用課程評鑑結果進行改善

關於學校課程評鑑結果之運用，《國民中學及國民小學實施課程評鑑參考原則》總共列了 7 點。但是，誠如評鑑學者 Dr. Dan Stufflebeam 所言：An evaluation's most important purpose is not to prove, but to improve。課程評鑑最重要的目的是要改善課程，且每一週期評鑑的缺點一定要有所改善！透過課程評鑑，使學校的課程發展能夠日益精進，確保達到成效。

七 後設評鑑不宜僅由學校進行，宜委由評鑑專業機構或專家學者進行

從《國民中學及國民小學實施課程評鑑參考原則》可知，學校可針對課程評鑑之效用性、可行性、妥適性及正確性等，進行檢討，並即時改進。惟如果要真正進行課程評鑑的後設評鑑，不宜讓學校執行，畢竟學校非評鑑機構，也缺乏專業的評鑑人力。應當由主管教育行政機關委託專家學者或評鑑機構進行，像是大學校務評鑑或系所評鑑之後設評鑑，即是委由高教評鑑中心進行。

肆 | 教育評鑑／課程評鑑未來發展趨勢

觀察國外教育評鑑或課程評鑑的發展趨勢，未來有以下重要發展趨勢：

一 使教育評鑑／課程評鑑成為組織發展的內建機制

觀察我國近年之教育改革，如火如荼地展開，而觀其精神大致吻合西方教改的脈動，學校本位管理、教師彰權益能、促進組織學習是整個教改的核心概念，如此作法，擴大了學校自主空間，也提升了教師主體地位。評鑑在此氛圍下，不應僅被作為績效責任評估的工具，而應化為學校內建機制，以促進學校發展與革新，並進而帶動教師的彰權益能，此當是評鑑所該被賦予的新意義（潘慧玲，2003）。Sanders（2002）倡議評鑑成為組織內建機制的想法，與彰權益能評鑑、參與式評鑑有相關，但不全然相同；內建機制觀的特點是組織文化珍視評鑑，組織的運作使評鑑得以持續，且持續使用評鑑增進組織效能。如果評鑑內建機制化，評鑑便成為一項工具，透過它，組織可以學習、更新，發揮效能，甚而達到卓越。評鑑

要能內建機制化，它必須發展成組織中的一項核心價值。展望未來，評鑑將發揮較往昔為多的功能，幫助組織的成長與進步（潘慧玲，2004）。

運用教育評鑑／課程評鑑協助學校教育發展

教育評鑑不僅是教育過程中重要的一環，也是教育行政的主要歷程，教育評鑑不僅是學術性、技術性的問題，更充滿了藝術性、政治性及倫理性的議題；因此，教育評鑑不僅是靜態資料的檢查，更是對一項教育計畫、教學過程、課程與教材研發，或教育政策的價值判斷，因此，未來除使學校珍視教育評鑑之外，也需透過教育評鑑或課程評鑑，協助學校教育或課程發展朝向更完善的境界。

參 考 文 獻

王如哲（2010）。解析「學生學習成效」。**評鑑雙月刊，27**。取自：http://epaper.heeact.edu.tw/archive/2010/09/01/3388.aspx

王全興（2009）。CIPP 評鑑模式的概念與發展。**慈濟大學教育研究學刊，5**，1-27。

秦夢群（1997）。**教育行政：實務部分**。臺北市：五南。

教育部（2014）。**十二年國民基本教育課程綱要**。臺北市：作者。

教育部國民及學前教育署（2018）。**國民中學及國民小學實施課程評鑑參考原則**。臺北市：作者。

潘慧玲（2003）。從學校評鑑談到學校本位課程評鑑。**北縣教育，46**，32-36。

潘慧玲（2004）。邁向下一代的教育評鑑：回顧與前瞻。載於國立臺灣師範大學教育研究中心（主編），**教育評鑑回顧與展望學術研討會論文集**（頁 11-23）。臺北市：國立臺灣師範大學。

張鈿富（1999）。**教育政策與行政——指標發展與應用**。臺北市：師大書苑。

謝文全（2012）。**教育行政學**（四版）。臺北市：高等教育。

Fitzpatrick, J. L., Sanders, J. R., & Worthen, B. R. (2004). *Program evaluation: Alternative approaches and practical guidelines* (3rd Ed.). New York: Longman.

Joint Committee on Standards for Educational Evaluations (1994). *The program evaluation standards: How to assess evaluations of educational programs*. Newbury Park, CA: Sage

Kells, H. R. (1983). *Self-study process: A guide for post-secondary institution* (2nd ed.). New York: Macmillan Publishing.

Madaus, G. F., Scriven, M. & Stufflebeam, D. L.(Eds.)(1983). *Evaluation models: viewpoints on educational and human services evaluation*. Boston: Kluwer-Nijhoff Publishing.

Sanders, J. R. (2002). Presidential Address: On Mainstreaming Evaluation. *American Journal of Evaluation, 23*, 253-259.

Tyler, R.W.(1977). *Basic principles of curruculum and instruction*. Chicago : University of Chicago Press.

Worthen, B. R. & Sanders, J. R. (1987). *Educational Evaluation: Alternative approaches and practical guidelines*. New York: Longman.

Worthen, B. R., Sanders, J. R. & Fitzpatrick, J. L. (1997). *Program evaluation:Alternative approaches and practical guidelines* (2nd ed.). New York: Longman.

第 6 章

從科技領域談行動學習教學推展之障礙與策略

潘玉龍

臺中市政府教育局課程督學

國立臺中教育大學教育學系博士生

壹│前言

　　十二年國民基本教育推動，培養學生關鍵技能以因應社會之進步，並配合生活方式與就業需求以適應新世代之環境，成爲教育重要目標。過去九年一貫課程，教育部在 2001 年 6 月提出「中小學資訊教育總藍圖」，將「資訊教育」列爲重要議題之一，以資訊融入各學習領域教學。而今十二年國民基本教育課程綱要中特別新增了「科技」領域，區別爲「生活科技」與「資訊科技」兩類，其課程之目的在於培養學習者資訊素養能力，藉由科技材料、素材、工具，培育學生創新、批判、解決問題、邏輯與運算思維等高層次思考能力。其中「資訊科技」日新月異，包含無線網路速度提升、電腦效能增加及各類創意軟體應用程式 APP 出現，都讓教師在課程發想上又多了無限可能，且資訊科技隨著行動載具普及，例如智慧型手機、平板電腦、laptop、穿戴式裝置等，數位學習邁入了行動學習（Mobile Learning）時代，行動學習運用對於教育活動歷程之創新與活化，有著非常高發展性（林雅鳳、許育健，2014）。學生透過行動學習，上課不再侷限於書桌或黑板互動，而是強調多元和動態學習方式。教師運用行動設備與傳統教學內容搭配，並以行動學習教學模式，引導學習者課前學習，或使學習者於教室外場域學習體驗，顯見行動學習教學應用於教學現場將是時勢所趨。

貳│科技領域政策之法規沿革

　　103 年發布之《十二年國民基本教育課程綱要總綱》，自 108 學年度開始，依照不同教育階段逐步實施。且教育部國民及學前教育署爲落實十二年國民基本教育課程綱要國民教育階段科技領域課程，於民國 107 年制定教育部國民及學前教育署補助國民中學與國民小學推動十二年國民基

本教育科技領域課程作業要點。十二年國教新課綱最大改變新增了第八大領域，即科技領域。藉由科技領域設置，將科技與工程課程內涵有所納入規劃，強化科技教育重要性，讓學習者嘗試動手操作，及數學、科學、工程、科技等跨學科知識整合運用能力，亦是此次新課綱之重要亮點（國家教育研究院，2018）。過去舊時代的國民基本教育以培養基本素養為目標，但隨著資訊科技普及，物聯網、數位網路、大數據、智慧化等科技發展快速，如美國提出了「先進製造」國家戰略，德國更提出「工業4.0」之概念，皆為借助資通訊、區塊鏈、大數據、物聯網等技術，將工廠虛擬化、智慧化，發展制訂新工業標準，以改變過往製造與生產模式。故因應「工業4.0」概念，更甚延伸了目前「教育4.0」概念，強化了科技教育重要性。回顧數千年前靠口傳教育1.0，知識傳遞沒有系統，到數百年前進入有學校制度教育2.0，直至20世紀教育3.0，科技和網路取代紙張，讓學習突破空間和時間限制，而物聯網創造工業4.0，更促使教育邁入4.0時代，讓學習變得高度「客製化」與「個別化」（張信務，2020），以打破學科藩籬，跨域學習。故為配合科技領域政策，教育部102年起便積極開展中小學及高中職行動學習計畫，顯示出對行動學習教學推動具積極性的表現。「行動學習教學」打破時空限制，強調無所不在學習，以學生為中心，注重適性化、差異化教學，呼應教育4.0概念，更是創造新思維，改變教育風貌。

參 | 行動學習教學之意涵與應用

一 行動學習意涵（mobile learning）

顏春煌（2015）認為行動學習（mobile learning）係指學習者未必需要於特定地點借助行動科技進行學習。行動學習者可以不需要紙本教科

書，而是透過網路之線上教材進行學習活動，包含非同步、同步方式的支援輔導等亦可以網際網路為操作平臺，相關學習資源皆可從中取得。現今行動學習被強調為隨地隨時皆可學習，不受時空環境的限制。因為行動學習，人們可以攜帶行動設備四處走動，只要行動裝置具網路功能，則行動學習就能輕易地在行動平臺上進行。本研究定義行動學習係指新形態學習，使用行動載具裝置搭配數位學習系統，使學習者不受時空限制，依照個人需要來客製化學習，以享受學習所帶來彈性、靈活、及便利性，提升學習效率和效能。

二 行動學習教學（mobile teaching and learning, MTL）

由於資訊科技（information and communications technology, ICT）的技術成熟發展，及行動載具普及與 APP 應用程式的精進開發，使得行動學習又更上了一層樓。但所謂行動學習是先前網路化學習概念延伸，也就是將原本網路化學習中所應用實體網路，改成無線網路，讓學習者利用行動載具來進行數位學習，教師亦應用於課堂教學活動使用。近年來，行動學習教學（MTL）已經改變了傳統教學課程，也提高學習上自由度與便利性。尤其我國早於多年前開始推展行動學習，但無法持續普及化，反因 2019 年全球化新冠肺炎（COVID-19）疫情影響之下，意外促成行動學習教學成長契機。另外在國際社會上，行動學習教學融入於課程之中已逐漸成為科技教育趨勢，且觸角亦觸及於不同學習領域中，以供學習者學習與探索。此項學習模式讓教師教學模式有更多元的選擇，創造新教育潛力。例如 2009 年成立可汗學院（Khan academy）提供大量線上教學影片（massive open online courses, MOOCs）更讓行動學習教學易於施行且蔚為風潮。而國內民間更有財團法人誠致教育基金會於 2012 年 10 月創辦均一教育平臺，配合臺灣教育需求，也開始錄製在地化課程，並開發在地化線上題目，創建一個適合中小學學生使用網路行動學習教育平臺，讓教師更可彈性運用於行動學習教學之中，足見運用行動學習教學已是時勢所趨。

肆│科技領域下行動學習教學（MTL）推展之優勢

　　資訊科技幫助未來教育新契機和新教學的急速成長，其中行動學習教學在科技領域中可謂蓬勃發展。行動學習教學（MTL）就是數位學習與行動裝置相互結合，且行動學習是透過無線網路與行動載具做為學習工具，在學習過程體現有良好互動性與即時性。是故研究者特蒐集並綜合各學者針對行動學習教學優勢，彙整如表1所示。

　　行動學習教學帶來優勢包含不受時空限制、個人創新、攜帶方便、貼近情境學習、資訊多元彈性、縮短城鄉差距、節省經費、自主學習、合作學習、問題解決、學習態度、激發動機、學習成效等，顯現行動學習應用於教學之益處。針對上述彙整，研究者認為行動學習教學優勢如下：

　　一、學習者可更易規劃學習進度和學習計畫，更快速地掌握訊息，並可機動抉擇學習地點進行學習。行動學習教學平臺出現也讓學習者能更好地定位自身知識，掌握程度與學習質量。學習者獲取資訊速度逐漸增加，可以通過問題與答案分析實現學習互動，更好地掌握知識。

　　二、行動學習在適當情境中可導入教學課程設計，幫助學生學習，減少學習行為與日常生活之疏離感，例如 AR、VR 在行動學習教學之教育應用。甚至未來可積極配合其特性來設計相關教材教具，以得到不同以往傳統學習方式之教學成效。

　　三、不受時空環境之約束，讓行動學習教學之便利性提高，並促進行動性、立即性地回饋，達到顯著移動性，智慧型化優勢。教與學只需要一臺終端就可以獲取教育資源，不會受到傳統遠程教育場所限制與空間限制，可以在任意地方訪問並獲取教育資源。

　　四、隨著移動終端快速發展，行動載具普及得到了飛躍式進步。現代移動終端已經不再是交流工具，已經成為資訊交流主要載體，行動載具也成為超越傳統載體遠程教育方式，讓學習者可以通過多種方式來獲取教育

表 1　行動學習教學優勢

學者 (年代)	時空限制	攜帶方便	貼近情境學習	資訊多元彈性	縮短城鄉差距	個人創新	節省經費	自主學習	合作學習	問題解決	學習態度	激發動機	學習成效
王子華、楊凱悌 (2015)	✓	✓	✓		✓			✓					
吳靜慧 (2015)	✓	✓		✓		✓			✓	✓	✓	✓	✓
黃芳蘭 (2015)	✓	✓							✓	✓	✓		✓
薛慶友、傅潔琳 (2015)	✓			✓		✓		✓	✓	✓	✓	✓	✓
王彩如 (2016)	✓	✓		✓		✓	✓		✓	✓		✓	✓
江好欣 (2016)	✓	✓	✓	✓	✓			✓					✓
林呈彥、姚經政 (2017)	✓		✓	✓		✓							
Lahiri 和 Moseley (2012)	✓				✓		✓	✓	✓	✓	✓	✓	✓
New Media Consortium [NMC] (2013)	✓		✓		✓	✓	✓	✓			✓	✓	✓

註：研究者整理

資源，進行傳輸、保存等。

　　五、行動學習教學所需之微課教育資源，無論是教師還是研究者都可以將預先錄好，製作完成影像資訊發布在社群平臺，然後學習者可以按照個人適性學習需求下載這些教學資源，在移動終端上直接獲取教學資源，隨時隨地進行學習。

伍│科技領域下行動學習教學（MTL）推展之障礙

　　雖然科技進步與便利性為行動學習教學（MTL）發展帶來許多助力，但相對於應用面亦受到挑戰。針對行動學習教學遭遇問題及推動不易，研究者整理如表 2 所示。

⟁ 表 2　行動學習教學遭遇問題與推動不易因素

學者（年代）	教材	功能	價格	習慣	師資	連貫性	硬體	接受度	專注力	效果
王子華、楊凱悌（2015）									✓	
張婉珍（2015）	✓	✓					✓			✓
賴宗聖（2015）							✓	✓		
薛慶友、傅潔琳（2015）	✓	✓		✓	✓		✓	✓		✓
江妤欣（2016）	✓				✓			✓	✓	
廖昭彥、王子華（2016）		✓			✓			✓	✓	
林呈彥、姚經政（2017）	✓	✓			✓		✓			✓
蘇宏穎（2017）	✓	✓	✓					✓		

註：研究者整理。

　　由表 2 得知行動學習教學常遇見困境包含教材、功能、價格、習慣、師資、連貫、硬體、接受度、專注力、動機等未達需求或標準，導致行動學習教學推動不易，而行動學習教學在科技教育推展常見障礙如下：

一 教材與功能設計未達適性化

　　因應科技教育課程，目前國內學校課程皆廣開資訊科技課程，綜觀各校課程，不外乎電腦與周邊軟硬體介紹、Office 文書處理、繪圖、修圖、打字練習、Scratch 設計、影像影片處理等，卻看不到有適性化教材評量方式，這對課程教材銜接是一大隱憂。包含軟體功能性無法符合貼近教學現場需求，對於師生使用意願必然受影響，連貫性不佳的行動學習教學教材設計，或是功能未能適性化，都可能會對學習效果大打折扣。

二 基礎硬體更新建置與使用接受度未即時跟上

　　資訊科技日新月異，數位資源與設備等軟硬體皆應持續性更新，才能跟上學習需求與教學發展，為應付行動學習之需求，教師與學生之科技素養應縮小學習落差，且數位設備亦應即時更新，得以配合大數據時代的的巨量資訊，但以現今資訊設備來看，許多學校都需要再更新建置相關資訊設備。詹舒涵（2017）認為資訊設備對於資訊科技教育是關鍵一環，若無法及時更新與到位，都會影響到教與學之品質。另外，行動科技輔助教學產品若不夠人性化、簡易操作，都會令師生與使用接受度上無法提升，進而讓行動學習教學（MTL）成效大打折扣。

三 師資來源與資訊素養未齊備

　　實施新課綱之後科技領域教師資源短缺情形相當嚴重。新課綱實施後，僅 20% 教育現場教師到位，教學現場之科技教師供需失衡，且新課綱上路後，教師備課和資訊素養能力，多尚未準備充分（馮靖惠，2019），此將影響行動學習教學（MTL）推動之困難。另外教師對於使

用科技意願接受度不高，亦是推展行動學習教學是否成功重要因素，當教學現場沒有教師願意善用科技進行教學，是無法在學校實施成功行動學習模式，教師不了解行動科技價值，即無法引發教學方法的省思，並在行動學習教學中有效的實施。

四 科技產品過度使用衍生身心健康問題

根據工研院研究發現，我國近視人口占比全球最高，每 10 人就有 9 人近視，近 3 人是高度近視；青光眼患者高達 34 萬人，平均每日增加 50 名患者，預估 2020 年將突破 45 萬人（陳映璇，2019）。因此多數家長支持降低使用資訊科技設備時間與頻率以保護孩童視力，加上網路成癮是現代人文明病，尤其學生過度使用手機常導致學習成效不彰，且認為透過行動科技進行教學，當科技產品呈現在學生面前，少數自律性不足學生很容易受到誘惑而流連忘返於網路，無法專注於教學課程中，進而影響學生學習效果，皆是影響行動學習教學（MTL）關鍵要素。

陸 科技領域下行動學習教學（MTL）推展之策略

科技領域下行動學習教學（MTL）強調學習者透過行動載具進行自主性學習，利用科技工具進行溝通交流，提升同儕間認知與合作學習，建立學習共同體目標，正呼應十二年國教在「自發」、「互動」與「共好」三大理念訴求。研究者提出科技領域下行動學習融入教學之推展策略。

一 教材與課程設計走向客製化與適性化

透過行動學習教學（MTL）模式，教師客製化教材，並規劃教學活動大綱，激發創新之課程架構，以設計教學之目標、方法、資源等，達一

致性、連貫性教材設計；而學習者藉由課前線上教學平臺學習，加深、加廣學習認知，並透過形成性評量、心得撰寫，增強學習意象，融入實際活動過程之執行，學習於操作過程衍生之問題，尋求解決因應之道，相互探究練習與挖掘問題，以求自我精進及主動搜尋資料，達學生適性學習，朝向教育 4.0 之目標。

二 持續軟硬體更新以提高使用者科技接受度

行動學習教學（MTL）欲順利推動，須重視科技軟硬體設備規劃與設計，強化教學環境改善，持續提升教室軟硬體設備，建立提升設備效能，持續改善軟硬體設備效能，以增進教學與學習成效，並盤點學校科技設備，創建基礎智慧校園設施。導入新興雲端技術突破過去舊式校園網路架構窠臼，以達成各單位對於大數據、物聯網、人工智慧、雲端運算及大數據資料之應用與分析需求，持續充實課堂內、外無線網路覆蓋率，有效提高校園使用者對於無線網路端的存取速度，既讓學習不受限制，亦可提供智慧校園信息獲取、回饋等智慧服務能力，以提升使用者知覺行動學習教學易用性與有用性，提升科技接受度。

三 強化師生科技資訊與媒體素養之養成

教師於教學活動過程中，除學習資源與後勤支援須充足外，教師專業能力提升，及家長與學生對於創新教學方法的認同，亦為因素考量之一。透過行動學習教學（MTL）之推展，教育人員善用行動科技設備，於課前、課中進行教學雙向互動，培養科技素養，並應用科技輔助功能，搜尋資源，以及利用資訊之能力，以強化個人教學專業技能；另外學習者經由行動學習教學平臺及行動載具等科技產品之應用，可強化資訊素養，提高運算思維、邏輯思考能力。故教師能有效地將行動學習教學運用在教學活動中，對於教學成效、邏輯分析、批判思考及資訊篩選能力皆可有效提升，達成行動學習教學最終目的。

四 展現高度自律並適度使用科技工具以避免身心問題

　　行動學習教學（MTL）並非有效教學之仙丹，教師專業能力才是行動學習教學之主體，而非行動裝置客體之附屬品，行動裝置之應用，並非讓資訊科技掌控教育情境，而是要讓行動裝置成為舊式教學活動部份之一，並融入其中，成為教學輕易所得之資源或輔佐工具。唯科技產品適度使用，讓學生自律管理，善用學習工具之利用，會是重要課題。另外行動載具搭配 APP 應用程式作為課室管理工具，容易因使用時間一久，學習者會失去新鮮感而疲乏，因此行動學習教學仍有賴教師用心規劃與應用才得以發揮其成效，突顯教育人員在行動學習教學中扮演關鍵重要的角色與位置。

柒 | 結語

　　現今資訊科技發展快速與普及，許多難解的疑問皆可透過網路找到解答與學習，只要有自發學習之意願，學習者可以不受時空限制，利用網路科技搜尋多元知識，達到行動學習目標。科技領域初步推行時，現場教師們面臨新領域可能會感到壓力，像是教材與功能設計未達適性化、基礎硬體更新與使用接受度未即時跟上、師資來源與資訊素養未就位、科技產品過度使用衍生身心健康問題等障礙。但教師隨著時空環境之改變，其創新能力與教學方法，必須要有教學新思維與新策略，才能確保教學之品質。十二年國民基本教育推動後，教師要知覺教學內容之活化、新穎、多元，學習者才會快樂學習。尤其教師要跳出舒適圈，整合科技到自身學科知識，搭配行動學習教學（MTL）模式及策略，評估整體教學設計運作思考能力，使教學歷程藉由科技而更多元、有效、廣泛。是故，行動學習教學的影響及其帶來的豐富性及便利性，將是未來推動科技領域成功發展重要關鍵。

王子華、楊凱悌（2015）。有效行動學習課程教學模式之設計與效益評估－以評量為中心的設計。**課程與教學季刊，18**(1)，1-30。

王彩如（2016）。**行動學習應用於國小二年級數學科教學之研究**（碩士論文）。國立新竹教育大學，新竹市。

江妤欣（2016）。淺談行動學習：翻轉「學習力」的突破與困境。**臺灣教育評論月刊，5**(12)，5-8。

吳靜慧（2015）。**行動載具融入國中生物科教學對學生合作學習學習成效影響之研究**（碩士論文）。康寧大學，臺南市。

林呈彥、姚經政（2017）。雲端行動學習 APP 融入實作課程：以手擲機為例。**科技與人力教育季刊，3**(4)，1-13。doi:10.6587/JTHRE.2017.3(4).1

林雅鳳、許育健（2014）。關於行動學習的幾項思考與建議。**臺灣教育評論月刊，3**，63-66。

國家教育研究院（2018）。**十二年國民基本教育課程綱要國民中學暨普通型高級中等學校－科技領域**。2018 年 9 月 20 日，取自 https://www.naer.edu.tw/files/15-1000-15281,c639-1.php

張信務（2020）。新北市 108 年度國民中小學候用校長甄選試題解析。**臺灣教育，721**，99-119。

張婉珍（2015）。科技接受模式與英語教學行動學習之接納程度。**教育科學期刊，14**(1)，57-81。

陳映璇（2019）。**全球近視、老花人口增，工研院籌組「眼視光大平臺」搶進兆元商機**。數位時代 BUSINESS NEXT。取自：https://www.bnext.com.tw/article/53200/itri-push-ophthalmology-industry

馮靖惠（2019）。**新課綱上路僅 2 成教師準備就位**。聯合新聞網。取自：https://udn.com/news/story/11320/4070885

黃芳蘭（2015）。教育新趨勢：學生自備行動載具融入教學。**教師天地，194**，55-58。

詹舒涵（2017）。**資訊科技列國中必修，設備、師資皆不足**。TVBS 新聞網。取

自 https://news.tvbs.com.tw/

廖昭彥、王子華（2016）。行動學習應用於學校教學實務的省思。**教育研究月刊，265**，30-43。

賴宗聖（2015）。國小家長對行動學習認知與反應研究以南湖國小為例。**中華印刷科技年報**，79-88。

薛慶友、傅潔琳（2015）。行動學習的教學實踐與反思。**臺灣教育評論月刊，4**(2)，101-107。

顏春煌（2015）。**數位學習：觀念、方法、實務、設計與實作**（第三版）。臺北市：碁峰。

蘇宏穎（2017）。教師運用行動學習的優勢與阻礙。**臺灣教育評論月刊，6**(9)，319-323。

Lahiri, M., & Moseley, J. L.(2012). Is mobile learning the future of 21st century education? Educational considerations from various perspectives. *Educational Technology, 52*(4), 3-13.

New Media Consortium.(2013). *NMC horizon project preview-2012 higher education edition*. Austin, TX: Author.

第三篇
教育政策

第 7 章

融合教育政策實施現況分析與建議

黃志雄

南華大學幼兒教育學系教授

壹｜前言

　　教育的發展受到許多人權思想和教育哲學的影響，隨著這些思想與哲學觀的改變，改變了社會對障礙者的看法和價值觀，也帶動了特殊教育的發展（Yesseldyke, Algozzine, & Thurlow, 2000）。特殊教育需求學生從被摒棄於公立學校系統外，到被接納與教導，更進一步地融入整個學校與社會生態系統中，在這一連串轉變的過程中，受到人權思想和特殊教育哲學觀的影響甚深，包括正常化原則（normalization）、去機構化（deinstitutionalization）、最少限制環境（least restrictive environment，簡稱 LRE）、從普通教育開始（regular education initiative，簡稱 REI）與融合（inclusion）等理念（Westling, Fox, & Carter, 2015）。聯合國教育科學暨文化組織（United Nations Educational, Scientific and Cultural Organization，簡寫為 UNESCO）更於 1994 年發表了「薩拉曼卡宣言與特殊需求教育行動綱要」（The Salamanca Statement and Framework for Action on Special Needs Education），這是聯合國第一個有關融合教育政策發展與推動的宣言，強調所有的學生都應在一起學習，不管他們的差異或困難有多大（UNESCO & Ministry of Education and Science, 1994）。

　　臺灣特殊教育的發展亦隨著這些理念的演變，逐漸地從隔離走向融合，洪儷瑜（2014）便曾以融合教育的觀點，詮釋臺灣特殊教育法三次立修法之重點，並指出特殊生進入普通教育的歷程可分為三個階段，第一個階段是 1984 年的立法，肯定特殊生的教育權利，並設立和提供特教班服務，為特殊生的受教權奠定法令的基礎。第二個階段是 1997 年的修法，透過資源班普及特殊教育服務，承認主流教育環境對特殊生的助益，普及特殊教育服務之目標，為推動融合教育奠下重要的基礎。第三個階段則是 2009 年的第二次修法，建立負責任的融合教育，積極地建構融合教育所需的支持。

　　若以法令明定特殊生能就讀普通班級為臺灣推動融合教育基準，從

1997 年修法迄今已逾二十多年，特殊教育與融合教育的交集愈來愈大，融合教育除了是特殊教育的重要發展趨勢外，亦可視爲實施特殊教育的終極目標。因此，本文將從融合教育政策的發展與現況，探討臺灣在融合教育的實施現況與問題，並進而提出邁向積極融合的展望與建議。

貳┃臺灣融合教育政策的現況

「薩拉曼卡宣言」主張，所謂的融合學校是指：「所有的學生都應該在一起學習，不管他們的差異或困難有多大，學校必須要確認學生的多元需求，並且對其需求有所回應，包括考慮不同的學習方式和速度提供調整，並透過適當的課程、組織安排、教學策略、資源利用以及與社區的夥伴關係等，以確保對所有人均能達到優質教育。同時，在每個學校應該有連續性的支持和服務，以滿足各校所面臨的連續性特殊需求。在融合學校中，特殊教育需求學生，應獲得他們可能需要的任何額外支持，以確保他們能夠有效地學習。」（UNESCO & Ministry of Education and Science, 1994）

隨著人權思想與教育理念的發展，融合教育已是國內外教育思潮的主流，許多國家均以「薩拉曼卡宣言」爲推動融合教育的準則，並據以制定相關的法令與政策。因此，底下將從薩拉曼卡宣言所主張的融合教育理念，探討臺灣之融合教育政策的現況。

一 所有的學生一起學習

「薩拉曼卡宣言」所主張的融合教育，是指所有的學生應在一起學習，不因其特殊需求差異或學習困難。臺灣現行之《特殊教育法》第 10 條中，明確要求「……學前教育階段及國民教育階段，特殊教育學生以就近入學爲原則」，同時，在第 18 條中規定：「特殊教育與相關服務措施

之提供及設施之設置，應符合適性化、個別化、社區化、無障礙及融合之精神」（教育部，2019a）。由於上述的法令規定，使學前和國教階段的學生，能夠依法在學區內與同年齡之普通學生共同學習。

二 學校需提供特殊需求學生支持

除了所有的學生應一起學習外，「薩拉曼卡宣言」亦強調，學校需提供特殊教育需求學生所需要的支持，以確保所有學生的教育品質。現行之《特殊教育法》中，有許多條文明確地規定，學校需能提供特殊生相關的支持和服務。除了在第 24 條中規定：「各級學校對於身心障礙學生之評量、教學及輔導工作，應以專業團隊合作進行為原則，並得視需要結合衛生醫療、教育、社會工作、獨立生活、職業重建相關等專業人員，共同提供學習、生活、心理、復健訓練、職業輔導評量及轉銜輔導與服務等協助」之外。在第 33 條中亦明確地指出，「學校、幼兒園及社會福利機構應依身心障礙學生在校（園）學習及生活需求，提供下列支持服務，包括：教育輔助器材、適性教材、學習及生活人力協助、復健服務、家庭支持服務、校園無障礙環境、其他支持服務」。

在現行法令中，也明訂了包括減少普通班班級人數（第 27 條）、提供人力資源（第 27 條）、增進教師特教知能（第 28-1 條），以及教育費用減免和補助（第 32 條）等，協助特殊生於普通班學習和提供支持服務的政策。同時，亦依據《特殊教育法》第 19 條，訂定《特殊教育課程教材教法及評量方式實施辦法》，以加深、加廣、重整、簡化、減量、分解或替代等方式彈性調整普通學校課程綱要能力指標，據以規劃及調整課程特殊需求領域課程學習內涵，形成特殊教育學生適性課程（教育部，2010）。

此外，更依據《特殊教育法》第 27 條，訂定《高級中等以下學校身心障礙學生就讀普通班之教學原則及輔導辦法》（教育部，2020），提供特殊生就讀普通班級之各項支持和服務，並在第四條中明訂學校辦理身

心障礙學生教學的各項支持與調整原則，包括：

1. 提供身心障礙學生充分參與校內外學習機會，推動融合且適性之教育，以提升學習成效。
2. 整合普通教育教師、特殊教育教師、行政人員及相關專業人員，依身心障礙學生個別化教育計畫，以團隊合作方式進行教學及提供特殊教育服務。
3. 依身心障礙學生個別化教育計畫，進行課程調整，編選適當教材、採取有效教學策略，並提供相符之特殊需求領域課程。
4. 身心障礙學生之學習評量，應依特殊教育課程教材教法及評量方式實施辦法之規定為之。

從上述有關融合教育法令的內容可知，臺灣已明訂各項支持特殊生就讀普通班級之法令和政策，促使學校得以依法提供特殊生所需的支持和服務，以及落實融合教育的推動。

三 提供連續性支持和服務

除了前述的相關規定外，現行之《特殊教育法》更在法令條文中，獨立章節明訂「特殊教育支持系統」，詳細規定包括改進特殊教育課程、教材教法及評量方式之研究和推廣（第 42 條）；鼓勵大學校院設置特殊教育中心，協助特殊教育學生之鑑定、教學及輔導工作（第 43 條）；各級主管機關為有效推動特殊教育、整合相關資源、協助各級學校特殊教育之執行及提供諮詢、輔導與服務，應建立特殊教育行政支持網絡（第 44 條）；各級學校應設立特殊教育推行委員會，以處理校內特殊教育學生之學習輔導等事宜（第 45 條）；以及各級學校應提供特殊教育學生家庭諮詢、輔導、親職教育及轉介等支持服務（第 46 條）。上述的法令和政策，可有效地提供特殊需求學生連續性的支持和服務，以確保特殊教育需求學生的教育品質，以及有效地推動融合教育。

綜合上述可知，我國融合教育政策的制定與推動，從 1997 年的修法

奠定融合教育的基礎，至 2009 年再次修法，明訂特殊教育朝向融合教育發展，宣示採普通學校課程綱要爲主，特教課程大綱爲輔之課程發展架構。現行之特殊教育法令和融合教育政策，已十分符應「薩拉曼卡宣言」中各項融合教育之主張。

參 | 學校實施融合教育的問題與分析

根據教育部（2019b）特殊教育統計年報資料，目前高級中等以下學校身心障礙學生安置一般學校有 10 萬 7,536 人（95.14%），安置特殊教育學校有 5,491 人（4.86%）。而安置在普通學校接受特殊教育服務的四種類型中，分別有 6 萬 0,634 人（56.38%）在分散式資源班；2 萬 0,154 人（18.74%）接受巡迴輔導，1 萬 4,330 人（13.33%）在普通班接受特教服務；只有 1 萬 2,418 人（11.55%）在集中式特教班。由此可知，臺灣目前對於身心障礙學生的安置，以普通學校和班級爲主，有九成五以上的身心障礙學生安置在普通學校，且安置在普通學校的特殊生，有近九成就讀普通班級，十分符合融合教育的精神。

雖然，從相關法令的制定與教育統計資料中均發現，融合教育在臺灣的推動與實施，已臻於成熟且蔚爲主流。然而，筆者從教學現場的觀察和訪談，以及學校輔導和評鑑過程中發現，各級學校雖配合相關法令實施融合教育，但仍存在許多實質運作和品質方面的問題。

■一 在一起又如何？—— 融合教育的理念問題

臺灣的特殊教育從隔離逐漸走向融合，在相關法令的制度與推動下，特殊教育的理念已逐漸普及，但由於長久以來「非普即特的二分觀念」已深入人心，且從師資培育、學校行政和教學輔導等，亦均採取分流方式實施，使得多數學校的行政人員和教師，雖在修習特教學分和研習活

動的推廣之下，能了解特教生的特質和需求，亦能配合相關法令和政策提供服務，但仍缺乏「帶好班上每一位學生」的積極融合教育理念。對學校而言，實施融合教育是照顧好每一位學生，因此，該強調的應是學生的特殊教育需求，而不是學生的身心障礙類別。然而，各級學校雖已充分的讓特殊生與普通同儕在一起學習，但，在一起又如何呢？

在學校現場中，經常可見包括行政人員、教師和家長，過度強調學生的障礙類別和標籤，卻缺少從教育生態系統的角度，了解特殊生融入普通班級生態的教育需求，特別是同儕互動和參與班級學習活動的需求。此外，由於國內對於普通班特殊生的學習輔導大多提供抽離式的特教服務，除了學生因離開原班接受特教服務，導致在普通班的課程學習時間較少，因而與同儕互動的機會降低，甚至受到標籤化的負面影響外（鈕文英，2008）。也因此，使得特殊生在普通班級中愈來愈「特殊」，雖然與普通同儕同在一間教室中學習，卻在過度標籤化和抽離服務下，無法融入普通同儕的生活與學習。

二 分工未合作 —— 融合教育的專業整合問題

為能提升教育品質和促進融合，在學校系統中因著不同的安置和服務類型，而設置普通班教師、資源班教師、巡迴輔導教師、輔導教師和特教班教師等不同的專業。Friend 和 Bursuck（2002）指出，有效的協同教學是促進特殊生融入普通班級中的一種方法，通常至少包括一名普通班教師和一名特教教師參與其中，他們一起提供教學的選擇給所有的學生。

然而，在學校實務現場中經常可見，不同專業間缺乏有效的整合問題，使得融合教育的實施大打折扣。以普教教師和特教教師的合作與協同教學為例，長期以來抽離式的特教服務，使得特教教師與普教教師的權責難以釐清，再加上非普即特的二分觀念和教師本位主義，普教教師可能將特殊生在學習及行為上的輔導，全交由特教教師負責處理，同時，又缺乏雙向的溝通協調與合作，導致學生回到原班級後，學習及行為問題依舊存在，

使得不同專業人員之間，普遍存在著「分工而未合作」的專業整合問題。

三 形式多於實質──融合教育的實施問題

臺灣現行之特殊教育法令和融合教育政策，雖已十分符合薩拉曼卡宣言的各項主張，但從實務面來看，卻是形式多於實質，相關的法令中仍缺乏具體推動融合教育的做法。以最近修訂之《高級中等以下學校身心障礙學生就讀普通班之教學原則及輔導辦法》（教育部，2020）為例，雖已臚列各項特殊生就讀普通班級之教學和輔導原則，包括學校行政、課程與教學調整、學習評量和團隊合作等。

然而，對於推動融合教育的學校與教師而言，相關的規定和條文只列出了「應然」，並沒有提供「必然」之具體實施策略和準則，例如：當特殊生安置在普通班級中時，普教教師該如何為特殊生進行課程、教學和評量的調整？如果普教教師不進行相關的調整又該如何？當特殊生在課堂中有行為需求時，學校行政和特教教師該如何提供支持？如果學校行政不提供支持又該如何？以及相關專業人員該如何以團隊合作方式提供服務和支持？等。因此，在缺乏具體的融合實施策略和準則下，不論是學校行政、普教教師和特教教師，均面臨著極大的矛盾和挑戰，再加上前述理念與專業整合的因素，融合教育的實施便容易產生形式多於實質的問題。

肆 邁向積極融合之展望與建議

融合教育已是國內外教育發展的主流，臺灣在經過多年的努力與許多教育工作者的推動下，融合教育的相關法令和政策制定，已逐漸成熟和完整，且亦有高達九成的身心障礙學生安置在融合的環境中。然而，學校推動融合教育的實際運作上，仍存在著些問題，展望未來，或可以帶好班上每一位學生為學校教育目標，思考積極融合之作法，底下針對學校行政和

教師提出幾點建議。

一 對學校行政之建議

　　學校行政是邁向積極融合之關鍵，各級學校應以特殊教育推行委員會（簡稱特推會），為學校推動融合教育之樞紐，抑或可更名為融合教育推行委員會，且應由校長帶領，以帶動全校之積極參與，落實特推會之權責和功能，並依據《特殊教育法》和相關法令，以及學校之教育生態和需求，制定校內實施融合教育之辦法和準則，以便能帶好全校每一位學生。同時，亦應定期辦理學校行政人員之融合教育工作坊，以增加校長、主任和行政人員之融合教育理念，並以普通教育改革為首之概念，和學校推動融合教育之實際案例，增加學校行政主管對融合教育相關法令，以及促進融合教育策略之理解和應用。

二 對學校教師之建議

　　學校教師是實施融合的重要推手，不論是普教教師還是特教教師，均需跨出非普即特的二分觀念和教師本位主義的自我設限，同時，應以特殊生在普通班級中的學習參與和生態需求出發，建立普教教師和特教教師協同教學與合作的模式。因此，特教教師需能調整特殊教育服務的提供方式，將特教資源和支持服務帶入普通班級中，以促進特殊生在普通班級活動的參與和同儕互動，亦可提供諮詢合作和入班協同教學等服務，並主動了解普通課程之內容和教材，以便能提供多元的特教支援服務。而普教教師亦應從差異化教學的角度出發，積極了解班級中特殊生之特質和需求，並能與特教教師共同合作和學習，以便能帶好班上每一位學生。同時，除可在師資培育階段，增加師培生之跨域學習與溝通協調的能力外，亦可鼓勵現職教師以行動研究方式，邀請不同領域之教師和專業人員，進行融合教育下之協同教學與合作策略之探究，以便能促進融合教育中不同專業的整合。

參考文獻

洪儷瑜（2014）。邁向融合教育之路──回顧特殊教育法立法三十年。載於**中華民國特殊教育學會年刊**，21-31。臺北：中華民國特殊教育學會。

教育部（2010）。**特殊教育課程教材教法及評量方式實施辦法**。臺北：作者。

教育部（2019a）。**特殊教育法**。臺北：作者。

教育部（2019b）。**108 年度特殊教育統計年報**。臺北：作者。

教育部（2020）。**高級中等以下學校身心障礙學生就讀普通班之教學原則及輔導辦法**。臺北：作者。

鈕文英（2008）。建構生態的融合教育支持模式。載於**中華民國特殊教育學會年刊：邁向成功的融合**，31-56。臺北：中華民國特殊教育學會。

Friend, M., & Bursuck, W. D. (2002). *Including students with special needs: A practical guide for classroom teachers* (3rd ed.). Boston, MA: Allyn & Bacon.

UNESCO & Ministry of Education and Science. (1994). *The Salamanca Statement and Framework for Action on Special Needs Education*. Spain.

Westling, D. L., & Fox, L. L., Carter, E. W. (2015). *Teaching students with severe disabilities* (5th ed.). Upper Saddle River, NJ: Pearson Education Inc.

Ysseldyke, J. E., Algozzine, B., & Thurlow, M. L. (2000). *Critical issues in special education* (3rd ed.). Boston: Houghton Mifflin.

第 8 章
校園安全維護與管理

王淑玲

南投縣政府教育處處長

國立臺中教育大學教育學系博士生

壹│前言

　　隨著社會的急遽變遷與數位網路時代來臨，校園環境所面對的情境較以往更為複雜，影響校園安全的因素除了天然災害及設施設備管理上所發生之意外事件等，人為與社會因素更造成潛在性的校園危機，例如校園暴力、霸凌、性侵害、藥物濫用、師生衝突、學生自殺等事件，不僅使學生身心受創，更影響人格健全發展。近年來國內各類校園安全意外重大事件層出不窮，常常成為媒體版面報導的焦點，也引發大家的關注。

　　而校園是師生群聚共同生活學習的空間，如何營造友善安全的校園環境，是政府、學校與社會大眾共同的責任，讓孩子能夠健康、快樂成長。因此，校園安全的維護與管理應該列為學校最優先的工作。校園安全的維護不僅是靠安全教育的落實與實地的演練，更需要有發現潛在的風險因子及處理危機的能力，如果校園安全缺乏保障，一切的教育理念、學習都無法達到。無論是學生知識、技能學習或人格培養，這些學校提供的各項服務與活動，均需以校園安全為基礎。因此本文將就政策實施現況、主要法規內容、政策問題與趨勢進行分析，以期面對校園安全高風險事件，提出有效的具體建議，透過政府力量與學校師生的努力，共同擔負校園維護管理的重要責任，建構學生安心、安全就學的環境。

貳│校園安全管理的政策現況

一　校園安全管理意義與範圍

　　教育部（2015）《國民中小學校園安全管理手冊》對「校園安全」的意義：「行政人員及教師對學校可能引發意外發生之人、事、時、地、物，能夠定期加以檢視以預作防範，並對發生意外事件後，能夠立即正

確有效處置，使損傷減至最低，且對發生意外之原因能立即加以檢討及改善，以達安全百分之百，藉以確保教育品質，奠定校園幸福安全的基礎」（教育部，2015）。林兆安（2019）說明校園安全管理是管理者針對師生學習或活動所及之區域（校園），對可能造成事件或危機所有人、事、時、地、物，進行維護，透過校園風險預防與危機初期處理，使學校軟、硬體設施、設備及師生員工人身、財物等皆不受干擾、損傷和破壞。

在校園安全管理範圍涵蓋一般建築及設備安全管理，還有教學及校園生活安全管理的部分。前者有「校園建築」、「天然災害」、「消防安全」、「水電設備」、「運動及遊戲器材」、「教學設備」等安全管理項目；後者則有「一般教學安全」、「游泳安全」、「實驗安全」、「嬉戲及運動安全」、「戶外教育安全」、「交通安全」、「飲食衛生安全」、「校園公共衛生安全」、「校園門禁安全」管理及「校園暴力、霸凌及藥物濫用防制」、「校園性侵害、性騷擾及性霸凌防治」等項目。綜上，面對如此複雜的校園環境與安全管理面向，確實造成學校人員的沈重負荷。因此，教育部為落實政策執行，經過兩次編修《國民中小學校園安全管理手冊》，就個別之重要項目於手冊內容中明訂管理流程與工作要領，進行事前之規劃設計與實施作為、加強設施設備檢修與訂定各項檢核表，期能化繁為簡，以防範為主要概念，制定完善規範與具體措施，使學校人員有所依循，得以落實執行，是目前各級學校在管理校園各項安全防護工作的重要參考。

■ 校安中心的建置與通報處理

我國政府鑑於「921 集集大地震」的重大災損與防救經驗，於 2000 年 8 月依據《災害防救法》成立災害防救委員會及所屬中央災害應變中心。而教育部為有效協助處理校園災害意外事件，並依《災害防救法》規定於 2001 年成立校園安全暨災害防救通報處理中心（簡稱校安中心），實施 24 小時人員值勤，負責統整全國各級學校防災、救災資源，即時、

有效協處各項校園危安事件，以期發揮早期預警、即時通報、資源整合及緊急應變等功能；同時提供適切之支援及協助，且依校安事件狀況與學生危難情形，協調各地救難單位及主管教育行政機關提供支援，減少損害程度，這是對校園安全維護與管理工作的重要里程碑。並於 2003 年建置「校園安全即時通報網路系統」，由校安中心與全國各級學校連結，各校專人負責進行網路 24 小時即時通報校安事件，落實各級學校校園安全事件通報與緊急協助處理，並從中央到地方政府教育單位與學校開始建構綿密之校園安全網絡，完善校園安全管理機制。

三 校園安全及災害事件分析

依據教育部（2019）於 2018 年各級學校校園安全及災害事件分析報告顯示，各級學校校安通報事件數共計 151,220 件（影響 207,836 人次）。校安事件以疾病事件類別的通報數最多，計 92,274 件；其次依序為兒童少年保護事件（18 歲以下）21,187 件、意外事件 20,421 件、暴力事件與偏差行為 8,660 件、安全維護事件 4,532 件、其他事件 1,570 件、天然災害事件 1,556 件、管教衝突事件 1,020 件，2016 年至 2018 年統計如表 1 及圖 1。

另依據 2018 年之報告，校安事件死亡人數計 859 人，主要仍是以意外事件死亡人數為多；而其中又以校外交通意外（263 人）、學生自殺（79 人）、溺水（26 人）死亡為較高三項；是教育行政與各級學校單位須持續加強改善之校園安全事項。

從學制上來看，國小通報之校園安全事件最多計 68,585 件；依通報件數高低排序，較高前三項分別為疾病事件計 49,045 件，兒童及少年保護事件計 8,299 件及意外事件計 6,870 件。其中兒童及少年保護事件以家庭暴力傷害 1,413 件較多，顯示學校需強化連結社政資源針對高風險家庭提供預防性服務方案，以降低該等事件；而意外事件則主要為運動、遊戲傷害 3,704 件。此外，國中計通報 24,784 件校園安全事件，事件較高類別

⤴表1　2016 至 2018 年校安通報事件分析表

年 次數 類型	2016 年 通報 件數	2017 年 通報 件數	2018 年	
			通報件數 （%）	影響人次 （%）
疾病事件	114,633	82,650	92,274(61.0)	116,870(56.2)
兒童及少年保護事件（未滿十八歲）	19,498	20,753	21,187(14.0)	37,346(18.0)
意外事件	14,745	16,933	20,421(13.5)	24,407(11.7)
暴力事件與偏差行為	6,959	7,756	8,660(5.7)	15,847(7.6)
安全維護事件	3,518	4,065	4,532(3.0)	7,696(3.7)
其他事件	2,209	1,969	1,570(1.0)	2,114(1.0)
天然災害事件	5,302	1,652	1,556(1.0)	1,564(0.8)
管教衝突事件	832	837	1,020(0.7)	1,992(1.0)
合計	167,696	136,615	151,220(100)	207,836(100)

資料來源：教育部 2018 年各級學校校園安全及災害事件分析報告，頁 15。

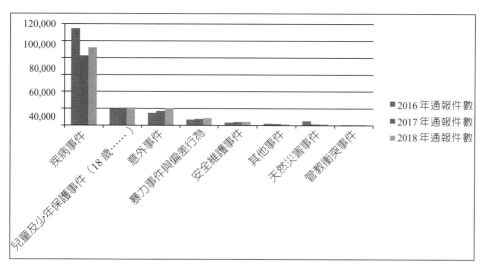

圖1　2016 至 2018 年校安通報事件分析圖

資料來源：教育部 2018 年各級學校校園安全及災害事件分析報告，頁 16。

與國小相同，但占第四高爲暴力事件與偏差行爲計 2,426 件，包括偷竊、一般鬥毆、霸凌事件等值得行政單位與學校重視並落實三級預防策略。

參│校園安全管理主要法規內容

各級學校在校園安全管理上除依據各業務職掌應符合之法律規範如建築法、消防法、災害防救法及其子法或其他法規命令等，主要還是依據教育部所訂各項法規、要點實施，主要法規內容如下：

一 校園安全及災害事件通報作業要點規定（2019 年 11 月 19 日修訂）

由教育部督導各主管教育行政機關、各級學校、非學校型態實驗教育團體、機構及教保服務機構儘速掌握校園安全及災害情事，進行校安及災害通報，提供必要協助，減少危害安全事件發生。

校安事件共分爲八個主類別，包括意外、安全維護、暴力與偏差行爲、管教衝突、兒童及少年保護、天然災害、疾病及其他事件等八大類別，並於各類別下再依事件屬性細分爲 151 項次類別（名稱）。校安通報事件依屬性區分爲法定通報（須於 24 小時或法定時限內通報）或非法定一般通報事件（不得逾 72 小時）。再各依緊急通報時效，分爲「緊急事件」（須於 2 小時內通報）與「非緊急事件」。緊急事件如下：

1. 學校、機構師生有死亡或死亡之虞，或二人以上重傷、中毒、失蹤、受到人身侵害，或依其他法令規定，須主管教育行政機關及時知悉或立即協處。
2. 災害或不可抗力之因素致情況緊迫，須主管教育行政機關及時知悉或學校、機構自行宣布停課。
3. 逾越學校、機構處理能力及範圍，亟需主管教育行政機關協處。

4. 媒體關注之負面事件。

二 校園安全防護注意事項（2015 年 8 月 6 日修訂）

　　教育部為協助各級學校有效管理校園環境，強化校園安全防護，防範外力入侵校園，維護教職員工生人身安全，訂定該注意事項。執行策略是強調中央、地方與各校三級運作平臺，學校與轄區警察分局簽訂《維護校園安全支援約定書》；進行三級預防包括安全意識宣導、安全防護教育與訓練；校園門禁管理、建立安全地圖、巡查、成立緊急應變小組；對突發事件進行通報、處理、復原三階段工作及建構安全網絡等作為。各校依此訂定相關措施，教育部進行督導考核。

三 維護校園安全實施要點（2012 年 11 月 16 日修訂）

　　教育部為強化高關懷學生輔導，防制學生藥物濫用、校園暴力霸凌與涉入不良組織，及關懷中途輟（離）學學生，以建構安全、友善、健康之校園，訂定該要點。實施三級預防策略；統整地方教育、警政、社政、衛生資源，強化校外會支援功能，加強特定人員及高關懷學生之辨識與輔導，提供藥物濫用學生輔導支援網絡，落實霸凌個案及中輟生之追蹤輔導。

四 教育部主管各級學校及所屬機構災害防救要點（2014 年 11 月 12 日修訂）

　　針對天然、人為災害，學校平時應成立災害防救相關編組，執行預防、應變及復原重建等災害防救工作及訂定災害防救計畫。預防階段以減災、整備為工作要項；應變階段則需召開緊急應變小組會議、災情搜集及損失查報、受災人員之應急照顧、救援物資取得及運用等。復原重建階段則進行災情勘查及鑑定、受災人員之安置、捐贈物資、款項之分配與管理及救助金之發放、受災人員心理諮商輔導等。

肆│校園安全管理問題分析與建議

一 問題分析

從近來發生備受矚目校園事件、中央教育部多次增修訂之法規與對校園安全事件之統計分析報告，對於校園安全維護與管理面臨之問題與挑戰，可以從下列四個面向加以探討：

（一）校園安全事件適用不同權管法規

由於社會、科技進步與全球氣候變遷，複雜、多元及複合性意外災害事件是未來趨勢，但政府就各部門業務分管不同法規執行，如災害防救法是消防署，傳染病防治法是衛生福利部，建築法是內政部，性侵害犯罪防治法與人口販運防制法是警政署，兒童及少年福利與權益保障法、家庭暴力防治法也是衛生福利部，學校人員除要了解教育部相關規定，更要跨領域整合嫻熟適用、執行不同業管法規之措施，不僅難以周全，更可能因非專業之作為導致事件危害擴大，甚至如性別平等教育法、兒童及少年福利與權益保障法違法會受罰。以 2020 年發生之新冠肺炎，以往並無此可能造成大量群聚感染甚至面臨死亡之傳染病，對校園安全造成極大威脅，學校對防治與因應對策都有賴中央與地方各單位整合；又地震、火災、實驗物質等發生複合性災害時，如沒有專業的緊急應變，在急迫時間壓力下，如處置不當，會使學校蒙受更大損害。

（二）兒少保護事件通報量偏高造成校安隱憂

依據教育部 2018 年針對校園安全事件的統計分析在國中小學制階段兒童及少年保護事件通報件數均占第二，其中國小部分遭家庭暴力等傷害件數較多。國中學制階段占第四高為暴力事件與偏差行為，包括偷竊、一般鬥毆、霸凌事件等。顯示許多學生屬於高風險個案，家庭成員、同儕、師生相處，由於環境與人際互動之複雜因素影響，使校園潛藏人為不可預

測之危險因子，校園充斥不安定感，學習環境不穩定，造成學校管理與輔導之隱憂。

（三）校園安全維護需求經費不足

校園開放與社區資源共享是時勢所趨，但相對則有強化門禁管理、保全監視等系統施設與人力維護之需求，而建築物公共安全與消防檢查改善、遊戲器材檢測維修等更是法令規定必需執行之項目，對於學校基於安全考量之各項軟硬體設備充實經費，公立學校均仰賴中央及地方政府補助經費，尤其直轄市、各縣市政財情況有級距落差，在鉅大財政負擔下，政府預算無法編足，包括學校工友、警衛人力亦無法補足，嚴重影響門禁管制與校園巡查、設備檢修汰換，造成校園安全管理的漏洞，許多學校沒有充裕之人力、物力經費加以改善，但當意外發生又要究責學校人員，是學校經常反映之問題。

（四）缺乏校園安全媒體事件危機處理經驗

由於電子、平面、網路媒體傳播無遠弗屆，而校園發生之重大意外事件如學生傷亡、性侵害、暴力、霸凌、體罰等，甚至家長、民眾投訴學校不當處置等，都是媒體關注報導焦點，但學校包括校長、行政人員與老師面對這樣的緊急事件，往往缺乏危機處理的經驗，如果有意迴避問題或發言不當，當面對記者採訪時無法有適切的處置反應，造成負面新聞效應擴大，將會影響社會大眾的看法與學校形象，甚而造成難以彌補的傷害。

■ 建議

就上述校園安全管理上的問題分析，提出下列建議以供政府各級教育行政機關和學校作為參考：

（一）政府各級教育行政機關

1. 制定校園安全管理法

要建構校園安全的防護網，多位學者之研究均呼籲應制定「校園安全管理法」以利執行校園安全工作（陳增娟、盧延根，2017；林蕙文，2017；林兆安，2019）。校園安全事項許多涉及中央不同部會權責，而主管之教育部則僅以行政規則方式訂定要點，於執行上未盡周延更無法達到整合之成效，確有必要制定法律位階之專法，就校安維護與管理上需司法、警政、社政、衛生、消防等單位、甚至家長配合之事項能夠加以明確權責規範，有利事權統一，使各縣市政府與學校得據以執行，並透過督導檢核機制以提升工作成效，同時以跨領域的專業合作模式使校園安全受到更完善的法律保障。

2. 寬列充實校園安全人力與設施經費

校外人士入侵校園犯案，近年來不時躍上媒體版面，當中更不乏駭人聽聞的隨機割喉案，由於校園安全維護人力普遍不足，且因各縣市財政落差，若干縣市更顯匱乏；教育部及各縣市政府應通盤了解謀求改善之道。校園警衛、保全，常是守護校園安全的最基本防線，但在中央政府員額精簡政策下，甚至學校的工友都出缺不補，學校人力經費困絀是目前面臨之最大挑戰。中央教育部應統籌規劃不同區域與規模之學校人力配置，及針對每年依法應檢核改善之消防、遊戲器材等設施設備寬列預算，依各縣市財力等級予以補助，且要求各縣市需有一定比例之自籌經費，同時明訂法規要求各縣市政府落實人力聘用與保全施設，再透過民意監督，才能確保校園安管理的第一道防線。

（二）學校單位

1. 建立校園安全文化意識

依教育部之校安事件統計分析，近年來兒少保護與學生自殺比例偏高，顯示人際關係冷漠是校園安全最大的潛藏危機。校園氣氛和諧、大家

有校安共識，形成友善、關懷的校園文化，校園安全才有保障。校園安全文化的建立仰賴全體教職員工生都要有危機意識與素養，能防患於未然、彼此互助合作。除了教導學生各項安全教育與對外求援管道，導師與專輔教師更要精進專業輔導知能，加強溝通技巧與班級經營，關心學生平常的行為給予諮商輔導，有敏銳覺察力防微杜漸，及處理事件的能力，並負起即時通報的責任，可防止事件發生及避免危機擴大。人人都有校安守護者的體認與管理職責，校安維護更完善。

2. 加強校園危機管理與演練

校園安全維護工作，平時應擬定危機管理策略，楊振昇（2012）指出危機管理強調預防與治療；平時應加強演練，在過程中應掌握危機發生之背景因素，做成周延的因應決策。校園危機管理包括預防、處理、學習三階段，而危機發生前的預防作為是對警訊的偵察、擬定具體執行計畫與標準作業流程，進行組織權責分工加強演練。尤其是校長與行政主管等如何進行媒體溝通，建立統一對外發言人，也要安排適當之研習課程，注重摸擬訓練與溝通策略，危機發生時就能從容不迫，組成緊急應變小組加以處置。而當校園媒體危機事件發生時，更要正確掌握事件之人事時地物等背景資訊，由校長領導各處室人員討論，作成更周延決策，做好內部沙盤推演，更要積極面對謹慎因應，達到媒體有效溝通，避免新聞效應擴大，將事件的負面傷害減到最低。

伍 | 結語

為了落實學校安全維護與管理的公共責任，中央教育部推動政策，除了各項法規的制定外，在執行上也要連結中央各部會與地方政府、各級學校、社區的合作資源，共同重視師生安全，避免校園人員傷亡事件。同時最重要的是平常的「風險管理」，能夠擬定完善的管理措施與預警作為，

規劃人力、物力的運用與各類校園安全事件的處理流程，建立危機發生時的應變機制。學校平時也要進行校園安全風險評估訂定檢核計畫，具有應變能力及做好相關的應變準備，才能預防危機發生的可能性與帶來之嚴重後果，以提昇校園安全維護與管理的效能。

林兆安（2019）。**校園安全管理者的經驗探究與省思 —— 國中總務主任的觀點**（未出版之碩士論文）。國立中正大學碩士論文，嘉義縣。

林蕙文（2017）。大專院校校園安全管理與學生校園安全氣氛知覺研究 —— 以新北市技術學院為例。**學生事務與輔導，55**(4)，35-51。

教育部（2015）。**國民中小學校園安全管理手冊**。臺北：教育部。

教育部（2019）。**教育部 2018 年各級學校校園安全及災害事件分析報告**。2020 年 6 月 16 日取自 https://csrc.edu.tw/FileManage

陳增娟、盧延根（2017）。校園安全防範處理模式與具體策略。**教師天地電子期刊，203**，18-26。2020 年 6 月 16 日，取自 https://tiec.wordpress.com/2017/09/30/ 校園安全防範處理模式與具體策略 /

楊振昇（2012）。校園危機管理的挑戰與因應。**教育研究月刊，214**，24-33。

第 9 章

實驗教育政策及實驗教育三法

蔡霈瑀

臺中市立大業國中教師

國立臺中教育大學教育學系博士生

壹｜前言

　　所謂的「實驗教育」是一種與主流體制不同的教育，指政府或民間為促進教育革新，在教育理念的指引下，從而探究與發現改進教育務實的作法。1990 年 3 月人本教育基金會籌設「森林小學期前教學研究計畫」，為實現其「以人為本」的教育理想，在臺北縣林口鄉正式創辦「森林小學」，教學理念為「尊重孩子學習意願」，以「尊重人」為原則，使學習成為一種快樂的經驗。

　　果哲（2016）指出，1994 年 4 月 10 日，民間發起 410 教改大遊行，並成立 410 教改聯盟，提出「落實小班小校」、「廣設高中大學」、「推動教育現代化」、「制定教育基本法」四項訴求，展現社會大眾對於教育改革的強烈期盼。同年，一群民間教改人士更發起另類教育改革實驗學校—毛毛蟲學院，該校於 1995 年更名為「種籽親子實驗學苑」，本著「兒童可以自主學習」的理念，讓孩子學會自己學習，給予孩子完全的尊重，以他們想要的方式進行學習，進行另類教育實驗。

　　1999 年《國民教育法》修訂第 4 條：「國民教育，以由政府辦理為原則，並鼓勵私人興辦」、「為保障學生學習權及家長教育選擇權，國民教育階段得辦理非學校型態實驗教育」，使得非學校型態實驗教育取得法源。同年《教育基本法》的公布，諸如：第 1 條「為保障人民學習及受教育之權利」；第 2 條「人民為教育權之主體」；第 7 條「人民有依教育目的興學之自由」、「政府為鼓勵私人興學，得將公立學校委託私人辦理」；第 8 條「國民教育階段內，家長負有輔導子女之責任，並得為其子女之最佳福祉，依法律選擇受教育之方式、內容及參與學校教育事務之權利」；第 13 條「政府及民間得視需要進行教育實驗」。從上述可見政府鼓勵私人辦學，並且保障學習者受教權及確立教育實驗之法源，彰顯人民才是教育權的主體。

　　為鼓勵教育創新與實驗，並保障學生的學習權與家長的教育選擇

權，教育部制定《高級中等以下教育階段非學校型態實驗教育實施條例》、《學校型態實驗教育實施條例》與《公立國民小學及國民中學委託私人辦理條例》，經立法院於 2014 年 11 月三讀通過，並經總統公布施行。「實驗教育三法」的公布，不但落實《教育基本法》鼓勵政府及民間辦理教育實驗的精神，亦確立推動實驗教育法律的依據，促使實驗教育成為現行教育體制的一環，從而開啟臺灣實驗教育新里程碑。

教育部委託國立政治大學教育學系成立實驗教育推動中心，旨在推動實驗教育的發展，以促進臺灣的教育改革與創新。實驗教育推動中心成立以來，開展多項工作與計畫。2015 年始以偏鄉學校型態實驗教育計畫的方式，舉辦偏鄉實驗教育學校師資培訓課程、實驗教育審議委員共識營、實驗教育論壇。2016 年則進行實驗教育培力課程，除了提供在職教師實驗教育與混齡教學的課程與教學方法的進修學習，也持續組織學者專家的訪視，來輔導與陪伴混齡實驗教育試點學校。2017 年開始編製實驗教育相關手冊，建立實驗教育人才資料庫，邀請國外學者來臺交流經驗。自 2017 年迄今，實驗教育推動中心每年舉辦「實驗教育計畫審議共識營」、「培力工作坊」、「實驗教育論壇」等活動，為推動實驗教育而努力。

教育部國民及學前教育署基於「原住民族教育主權需要彰顯，教育文化多樣性必須珍視」之理念，為落實原住民族教育法相關法規，及建構原住民族之中央與地方課程研發與教學輔導網絡，健全原住民族課程與教學輔導組織，達成預期課程目標，於 2017 年在國立臺中教育大學成立原住民族課程發展協作中心，統合原住民族課程發展模式，並研發相關課程模組，提供原住民族實驗學校以及原住民重點學校，發展以原住民文化為本位的課程，以彰顯原住民族教育主權，同時傳承各族群文化。此外，為就近協助原住民族實驗教育學校、原住民族重點學校及原住民族實驗教育專班，發展原住民族實驗教育課程或以原住民族為特色的學校本位課程，國教署也分別在國立臺中教育大學、國立清華大學、國立東華大學、國立臺東大學、國立屏東大學成立原住民族課程發展區域中心。

　　《教育基本法》賦予實驗教育法源基礎至今已逾 20 年，隨「實驗教育三法」之頒布，國內辦理實驗教育之人口與日俱增，臺灣實驗教育之發展趨向多元。為賦予實驗教育更多的辦學彈性，強化參與實驗教育學生的權益保障，提供學生更多元適性學習機會，行政院於 2017 年 7 月 11 日通過「實驗教育三法」修正草案，並於同年 12 月 29 日經立法院三讀通過，以期讓體制外實驗學校能發展出創新且品質良好的辦學模式，提升學校辦學成效。教育部與地方政府攜手合作，不斷積極建構完善且多元之實驗教育環境，為我國教育發展開創新契機。

貳│實驗教育實施現況

一 實驗教育人數逐年提高

　　實驗教育提供辦學者與教學者更大的自主空間，體制內學校也參照相關教材及教法，鼓勵學生主動發現探究問題，提升學生學習動機、興趣及信心，翻轉既定學習模式。實驗教育可分為三個種類，如下表所示：

⤴ 表 1　實驗教育類別及說明

種類	法源	說明	例子
非學校型態實驗教育	《高級中等以下教育階段非學校型態實驗教育實施條例》	分為機構、團體、個人	機構：臺北市影視音實驗教育機構 團體：澴宇蒙特梭利 個人：在家自學
學校型態實驗教育	《學校型態實驗教育實施條例》	公、私立學校符合政府規定後直接進行、改制為實驗學校	公立：屏東地磨兒國小 私立：苗栗全人實驗中學

種類	法源	說明	例子
公辦民營實驗教育	《公立國民小學及國民中學委託私人辦理條例》	公立學校委託私人機構、民間團體等接手進行的實驗教育	宜蘭慈心華德福實驗中小學

資料來源：臺灣實驗教育推動中心（2020）。**實驗教育**。取自 https://teec.edu.tw/

1999 年《國民教育法》修訂及《教育基本法》公布，賦予非學校型態實驗教育法源依據，而自 103 年 11 月底「實驗教育三法」公布以來，我國參與實驗教育人數逐年提高。根據教育部統計資料整理如下表：

⤴ 表 2　我國 2015-2020 年度實驗教育學生數

種類 ＼ 年度・人數	2015	2016	2017	2018	2019	2020
非學校型態實驗教育	3,697	4,985	5,598	7,282	8,245	8,744
學校型態實驗教育	277	2,764	5,139	6,244	6,949	8,911
公辦民營實驗教育	1,357	1,620	1,887	1,940	2,158	2,378

資料來源：教育部國民及學前教育署（2020）。**實驗教育**。教育部。取自 https://www.k12ea.gov.tw/Tw/Common/SinglePage?filter=CF05 E6D1-2C9C-492A-9207-92F064F54461

整體而言，2020 年度參與實驗教育的學生人數已達 20,033 人，其中以學校型態的實驗教育成長最快，校數從 2015 年的 35 所快速增至 2020 年的 91 所。

■二 實驗教育的多元實施

實驗教育政策希望能夠「增進學生適性學習機會」、「賦予辦學彈性」、「落實教育選擇權」，在不同特定教育理念下，實驗教育有著不同

的辦理方式，以原住民民族教育的實驗教育而言，乃是以文化爲核心的主題課程，例如臺中博屋瑪國小以「泰雅族 GAGA」爲主題，高雄巴楠花部落小學以布農小米文化爲主題，旨在保存並延續原住民族的相關文化。又如華德福教育，其教育理念乃是根據史泰納人智學，強調身、心、靈整合發展，宜蘭慈心華德福、磊川華德福皆爲其實例。茲以表 3 呈現我國實驗教育之辦理方式：

⏀表 3　我國實驗教育辦理方式及說明

方式	說明	實例
在地化主題探究	主題課程或專題學習結合當地文化或生態特色常跨科實行統整教學	雲林縣華南國小宜蘭縣岳明國小
探索體驗課程	探險 + 體驗 + 合作	苗栗縣全人中學臺南市虎山國小
原住民民族教育	以文化爲核心之主題課程	臺中博屋瑪國小（泰雅族 GAGA）高雄巴楠花部落小學（布農小米文化）屏東長榮百合國小
華德福教育	根據史泰納人智學身、心、靈整合發展	宜蘭慈心華德福磊川華德福
民主教育	人權、平權、尊重、正義、互信自主、多元、對話、批判思考	新北市烏來種籽親子實驗小學
混齡教學	混合年齡教學	臺中中坑國小臺中東汴國小苗栗南河國小嘉義豐山國小

資料來源：臺灣實驗教育推動中心（2020）。**實驗教育**。取自 https://teec.edu.tw/

上述以原住民實驗教育學校推動情形爲例，政府發展增能賦權導向之原住民族實驗教育，用以傳承原住民族文化，促進多元文化的理解與尊

重，啟發原住民族特殊潛能，進而培育原住民族人才。2020 年 91 所學校型態實驗教育學校中，有 32 所爲原住民族實驗學校，分別由十縣市審議通過發展泰雅、排灣、雅美、卑南、阿美、太魯閣、布農、魯凱、賽德克、鄒族民族文化爲核心之主題課程。教育部並於北區、宜花、臺東、南區及西區設置原住民族課程發展協作中心，協助原住民族實驗教育發展。原住民族課程發展協作中心，就是要結合原住民族教學實務的研發基地以及各區域中心，建構完善原住民族課程發展與教學輔導體系，依第一線原住民族意願，統整及協調各分區中心協助發展十六族群的原住民族教育課程教材。

三 完善實驗教育支持暨品質維持系統

政府鼓勵教育創新與多元發展，以實驗教育法爲基礎，將實驗教育規模由地方政府提升爲中央層級，使中央與地方合作推動實驗教育。同時，藉由辦理各類型活動與課程、編制相關手冊、安排國際交流等，加強相關單位及人士對實驗教育的了解。教育部（2020）明確指出，爲完善實驗教育支持暨品質維持系統，政府陸續有以下措施：

1. 建置陪伴與輔導實驗學校系統：包含成立實驗教育推動中心、實地訪視實驗學校辦理情形、製作並滾動更新實驗教育作業手冊、建構審議人才資料庫。

2. 強化實驗教育工作者培力系統：包含強化教學人力、辦理審議委員共識營、辦理行政人員共識營。

3. 推廣實驗教育創新理念：包含分享實驗教育成果、參與國際實驗教育活動與交流、架設實驗教育網路平臺。

4. 給予實驗教育經費補助：訂定「教育部國民及學前教育署補助推動實驗教育要點」，並將公（私）立高級中等以下學校及實驗教育機構納爲補助範圍；於補助地方政府辦理推動實驗教育項目中，納入實驗教育團體及在家自學個人之訪視輔導經費；與原民

會分攤經費，補助學校辦理學校型態原住民族實驗教育。

5. 實驗教育推動成果評估及後設分析研究：包含拍攝實驗學校紀錄片、出版實驗教育成果成功、實驗教育推動成果評估及後設分析。

6. 建構原住民族實驗教育發展系統：成立各區原住民族課程發展協作中心，進行課程發展陪伴、教師專業發展以及教材研發，並辦理原住民族實驗教育成果展研討會及成果。

參 ｜ 實驗教育法規

一 2014 年「實驗教育三法」內容

「實驗教育三法」的制定，是為了鼓勵教育創新與實驗、保障學生學習權及家長教育選擇權，並落實《教育基本法》第 13 條規定：「政府及民間得視需要進行教育實驗，並應加強教育研究及評鑑工作，以提昇教育品質，促進教育發展。」2014 年 11 月底公布「實驗教育三法」，其立法精神分別如下：

1.《高級中等以下教育階段非學校型態實驗教育實施條例》

為賦予參與非學校型態實驗教育者辦學之彈性，教育部整併現行《國民教育階段辦理非學校型態實驗教育準則》及《高級中等教育階段辦理非學校型態實驗教育辦法》規定制定本條例，明定以個人、團體及機構實驗教育等方式辦理非學校型態實驗教育，促使實驗教育多元化發展，符應家長、實驗教育團體及辦理非學校型態實驗教育者和各該主管教育行政機關之期待，明確賦予辦理非學校型態實驗教育之法定地位，保障參與者之權益。

2.《學校型態實驗教育實施條例》

為辦理學校型態之整合性實驗教育，教育部參考先進國家立法例，制

定本條例，賦予此類實驗教育型態之學校，得排除現行法令及體制限制，依據特定理念辦理完整之學校型態實驗教育。此類學校享有充分自主性，得以創新求變思維，促進實驗教育多元發展，回應社會多元需求並落實教育改革之精神。此外，本條例所定辦理實驗教育之學校，係以私立實驗教育學校為主，包括學校法人新設、現有私立學校改制或非營利私法人申請設立之學校，惟為讓公立學校亦得參與辦理實驗教育，保障學生權利，本條例例外許可公立學校主管機關得於不逾其所屬同一教育階段總校數之百分之五原則下，許可公立學校準用本條例規定，辦理學校型態實驗教育。

3.《公立國民小學及國民中學委託私人辦理條例》

現行公立學校委託私人辦理之法源基礎，係依據《教育基本法》第 7 條第 2 項：「政府為鼓勵私人興學，得將公立學校委託私人辦理；其辦法由該主管教育行政機關定之。」及《國民教育法》第 4 條第 3 項：「前項國民小學及國民中學，得委由私人辦理，其辦法，由直轄市或縣（市）政府定之。」規定，由地方政府訂定自治法規據以辦理。然因實務運作上，委託私人辦理之學校，無法依據地方自治法規，排除法律所定教師資格、待遇、退休、撫卹與權利保障等規定的適用，因此教育部藉由制訂本條例明確定位受託學校之屬性與其相關權利義務，並賦予委託私人辦理之學校得排除有關法律適用，俾促進教育之多元化發展，有效落實委託私人辦理國民教育之意旨。

■ 2018 年「實驗教育三法」修訂版

「實驗教育三法」的公布，使實驗教育成為現行教育體制之一環。但施行後，教學現場陸續產生問題，為回應教學現場及社會多元需求，教育部研修「實驗教育三法」，並於 2018 年公布，以達彈性鬆綁、多元創新、友善協助的目標。以下為「實驗教育三法」修正重點：

1.《高級中等以下教育階段非學校型態實驗教育實施條例》

(1)參與本條例之學生，視同各教育階段學校之學生，應發給完成高

級中學教育階段實驗教育證明，保障學生權益。

(2)實驗教育機構應準用學校通報之規定，落實相關預警通報機制。

(3)辦理實驗團體教育與機構實驗教育者，可向公立學校申請利用或租賃學校閒置空間。

(4)簡化實驗教育計畫應繳交之文件與簡化計畫變更申請作業。

(5)實驗教育機構得聘僱外籍教師從事教學、師資養成、課程研發與活動推廣工作。

2.《學校型態實驗教育實施條例》

(1)課程、教學、教材、教法或評量之規劃，應以引導學生適性學習為目標。以學生為中心，尊重學生之多元文化、信仰及多元智能。

(2)採取小規模實驗模式，實驗大學只可設大學部和碩士班，學生總人數上限 500 人。

(3)開放公立及私立實驗教育學校聘僱外籍教師從事教學、師資養成、課程研發及活動推廣工作。

(4)公、私立實驗教育學校之招收學生數上限由現行 480 人修正為 600人。另外除原住民重點學校外，單一主管機關於同一教育階段之辦理上限，由現行至多 10%，放寬至 15%，但全國同一教育階段之辦理比率不得超過 10%。

(5)公立高級中等以下實驗教育學校校長得不受教育階段別之限制。另外基於實驗計畫之延續性，規定校長任期得不受連任一次之限制。

3.《公立高級中等以下學校委託私人辦理實驗教育條例》

(1)考量辦學需求，將現行條例由國小及國中階段延伸至高級中等教育階段。

(2)主管機關應提供同等學校相當之員額編制之人事費予受託學校，並增訂受託學校對相關費用得彈性運用之規範。

(3)主管機關得將學校之全部或分校、分部、分班，可明確區隔之部分，於新設一所學校後委託私人辦理。

(4)明訂依不同規定進用人員之權利及義務。

(5)受託學校得聘僱外籍教師從事教學、師資養成、課程研發與活動推廣工作。

三 2020 年「公立高級中等以下學校辦理部分班級原住民族實驗教育辦法」公布

為推動原住民族實驗教育，教育部訂定《公立高級中等以下學校辦理部分班級原住民族實驗教育辦法》，並於 2020 年 2 月 21 日起發布施行，此辦法規範原住民實驗教育應包括事項、課程教學、評量方式、評鑑訪視及獎勵等規定，明定國中小課程，不受課綱校訂課程與節數等限制，高級中等學校只要畢業總學分符合教育部規定，課程亦不受課綱限制。希望藉此更具彈性的作法，讓原住民族學生享有更完整原住民族教育的保障，為培養原住民族人才及發展原住民族文化增添長遠永續的能量。

肆 | 實驗教育問題與因應對策

一 高等教育的實驗教育尚未有具體完整措施

目前我國高等教育的實驗教育分為兩種，其一為大學法與教育部各式計畫下的「教育實驗」，例如「交通大學首創實驗教育型態的百川學士學位學程」、「清華大學首辦大學實驗教育」。其二為「實驗教育三法」下的「實驗教育」，依照的是《學校型態實驗教育實施條例》。2019 年 3 月 4 日教育部發布《專科以上學校型態實驗教育許可與設校及教學品質保證辦法》，乃針對「全校型」的實驗大專，訂出設校標準，不受師資、學雜費、校地等既有規範限制。至於清大、交大等一般大學的實驗教育課程，則屬於大學自治，不在規範內。實驗教育強調學生學習自主性及發

展學生的專業科目，再加上自學生可以自己調配學習時間，正好符合特殊選才的養成條件。因此隨著大學的選才制度的改變，實驗教育獲得正式法源，亦讓家長與學生重新思考學習的方向與可能性。

二、實驗教育的師資培育尚待系統性規劃與培育

2017 年臺灣實驗教育推動中心計畫主持人鄭同僚帶領團隊進行全臺的實驗教育辦學者訪談，發現一個共同的問題——原有的師資培育體系，無法滿足實驗教育。為了增加師資，實驗教育推動中心接受教育部委託，陸續推動實驗教育工作者培育計畫等，讓相關辦學者可以作為根基，訓練其師資，並針對各自特色進一步強化。除了原有的教師進行重新培訓，從按照課綱教學，變成能夠和學生互動、自編教材。未來的實驗教育師資培育，能否在原有的師資培育管道另闢支脈，使臺灣師資培育系統更加完整，亦使實驗教育師資培育更有規模及相關資源的支持。此外，實驗教育的教學者不稱為老師，而是教育工作者，在實驗教育的多元教學過程中，參與者不只限於老師，也包括了家長、獨立教育工作者及各領域專家，取得共同的理念與共識是需要花時間去培養的。

三、實驗教育精神尚未能完全落實

《實驗教育法》開宗明義定義實驗教育的核心，必須有特定的教育理念，針對和體制不同的教育方向實驗。自「實驗教育三法」頒布，實驗教育在臺灣遍地開花，如雨後春筍般逐年增加，卻也因為解釋上的不同、門檻不一形成氾濫的現象，有些學校會以實驗教育之名來吸引招生和資源，偏鄉小校亦紛紛轉型實驗教育只為生存，希望藉由新名稱獲得家長青睞。因為數量快速的增加，造成政府能提供給每一間實驗學校的資源減少、成本增加，讓真正該享有實驗教育資源的學生失去應有權利，失去設立實驗教育的初衷。實驗教育不應該是追求量的業績，而是真正可以發掘每一個孩子天賦的學習環境，才能發揮並落實實驗教育精神。

伍┃結語

　　實驗教育是「另一種選擇，不一樣的學習」，實驗教育是爲落實家長的教育選擇權及學生的學習權而生，是最自由的，位於教育光譜的最左邊，就好像是一股注入光譜的活水，激發出教育的無限可能！在實驗教育法規逐步鬆綁的同時，仍待教育部與地方教育局（處）積極扶植實驗教育的環境、師資，加上民間有心人士的培力，讓臺灣教育更穩健地譜出多元的面貌。

教育部（2014 年 11 月 26 日）。公立國民小學及國民中學委託私人辦理條例。**全國法規資料庫**。取自 https://law.moj.gov.tw/LawClass/LawHistory.aspx?Pcode=H0070062

教育部（2018 年 01 月 31 日）。公立高級中等以下學校委託私人辦理實驗教育條例。**全國法規資料庫**。取自 https://law.moj.gov.tw/LawClass/LawHistory.aspx?pcode=H0070062

教育部（2020 年 02 月 21 日）。公立高級中等以下學校辦理部分班級原住民族實驗教育辦法。**全國法規資料庫**。取自 https://edu.law.moe.gov.tw/LawContent.aspx?id=GL001973&KeyWord=%E5%8E%9F%E4%BD%8F%E6%B0%91%E5%AD%B8%E7%94%9F

行政院新聞傳播處（2018 年 1 月 11 日）。《實驗教育法》三法修正──讓臺灣教育創新更具動能。**行政院**。取自 https://www.ey.gov.tw/Page/5A8A0CB5B41DA11E/d0f42a96-289c-4bb2-8c1a-87575a998a50

吳清山（2015）。「實驗教育三法」的重要內涵與策進作為。**教育研究月刊，258**，42 -58。

果哲（2016）。**臺灣教育的另一片天空：20 年民間實驗教育新里程**。臺北：大塊文化。

教育部（2018 年 01 月 31 日）。高級中等以下教育階段非學校型態實驗教育
　　實施條例。**全國法規資料庫**。取自 https://edu.law.moe.gov.tw/LawContent.
　　aspx?id=GL001382

張裕程（2017）。開啟臺灣教育的另一扇窗──非學校型態實驗教育。**臺灣教育
　　評論月刊，6**(1)，154-157。

教育部（2013 年 12 月 11 日）。教育基本法。**全國法規資料庫**。取自 https://
　　law.moj.gov.tw/LawClass/LawAll.aspx?pcode=h0020045

國教署（2015）。教育發展新契機──實驗教育三法。**教育部全球資訊網**。取自
　　https://www.edu.tw/news_Content.aspx?n=9E7AC85F1954DDA8&s=C5AC68
　　58C0DC65F3

教育部（2018）。實驗教育概況─教育統計動態視覺化圖表。**教育部**。取自
　　http://stats.moe.gov.tw/statedu/chart.aspx?pvalue=51

教育部國民及學前教育署（2020）。實驗教育。**教育部**。取自 https://www.
　　k12ea.gov.tw/Tw/Common/SinglePage?filter=CF05 E6D1-2C9C-492A-9207-
　　92F064F54461

黃姮棻（2018）。從另類教育到實驗教育的發展與省思。**國家教育研究院教育脈
　　動電子期刊，6**(14)，1-15。

臺中市政府教育局（2020）。**臺中市個人實驗教育申請暨審查網**。取自 https://
　　experiment.tc.edu.tw/

臺灣實驗教育推動中心（2020）。**實驗教育**。取自 https://teec.edu.tw/

教育部（2018）。學校型態實驗教育實施條例。**全國法規資料庫**。取自 https://
　　law.moj.gov.tw/LawClass/LawAll.aspx?pcode=H0070060

第 10 章
幼兒園教保政策

張雅玲

國立中興大學附屬臺中高級農業職業學校幼保科教師

國立臺中教育大學教育學系博士候選人

壹│前言

　　臺灣的學前教育屬於非義務教育階段，主要由公立與私立教保服務機構負責幼兒教育與照顧服務。學前教育是幼兒從家庭進入學校教育體系的第一步，也是個人發展的基礎階段，不僅對幼兒的身心發展具有重要性，也對未來的學習與社會適應產生深遠影響。因此，提供適宜的學前教育與照顧服務，成為我國政府與教育界關注的重點。隨著社會與經濟的快速變遷，臺灣的學前教育政策也不斷隨之調整與發展。自《幼兒教育及照顧法》施行以來，臺灣的學前教育政策朝向提高服務品質與公平性，尤其是推動公私立資源整合與普及化，期以縮小不同社會經濟背景幼兒在教育資源上的落差。此外，政府透過托育補助政策，提供家長在選擇幼兒園時更多的經濟支持，以減輕家庭負擔，增加幼兒接受優質學前教育的機會。除了政策上調整和修正，教育理念的變革也對學前教育產生重要的影響。今日的幼兒教育強調「全人發展」的理念，透過多元化的教學方式與環境設計，培養幼兒的創造力、問題解決能力以及情感發展。同時，教師的專業成長也成為提升幼兒教育品質的關鍵之一，因此，師資培訓與專業發展的規劃愈來愈受到重視。總而言之，臺灣的幼兒園教保政策主要在提供每位幼兒公平且高品質的教育與照顧服務。未來，隨著社會需求的變化，如何進一步提升幼兒教育的普及性、品質與可負擔性，將會是政策制定者和執行者持續努力的方向。學前教育不僅是幼兒教育的啟蒙階段，更是其後續學習與人格發展的關鍵基石。

　　1997年行政院邀請內政部與教育部共同研究幼托整合之問題，2001年教育部草擬《幼托整合政策規劃專案報告書》，並於2005年決議將幼稚園和托兒所整合後的主管機關歸屬為教育部，同時整合收托對象為2～6歲幼兒，之後教育部便開始積極推動幼托整合。幼托整合的推動與策劃長達十幾年，終於在2011年公布《幼兒教育及照顧法》，將托兒所和幼稚園合併並改制為「幼兒園」，成為亞洲第一個幼托整合的國家。從過去

托兒所與幼稚園的雙軌設計轉為單軌的設計，統一稱為「幼兒園」，主管機關為教育部，其法規所涉及的設施設備與環境規劃及立案等相關制度，皆整合為單一的標準。2017 年行政院推行「擴大幼兒教保公共化計畫」，目標於 2017 至 2020 年增設公共化幼兒園（班）達 1,000 班，其公共化比例由 3：7，2019 年提升至 4：6（國教署，2017）。《教保服務人員條例》也於 2017 年公布，以確立並整合教保服務人員相關法制，正式啟動新氣象的教保服務。我國長期面臨總生育率持續下降的挑戰，依據國家發展委員會於 2020 年所進行的人口推估，若總生育率維持在 1.2 人，2030 年出生數將預估減少至約 15 萬人，比 2020 年減少約 1.4 萬人。即便總生育率提升至 1.5 人，2030 年出生數也僅略增至 16.8 萬人，僅較 2020 年增加約 0.2 萬人。為因應少子女化的挑戰，行政院於 2017 年 12 月推出「生生不息」育人政策，針對 0 歲至未滿 6 歲的幼兒，推動公共化、準公共政策等多元措施，並擴大育兒津貼的發放，以減輕家長的育兒壓力，進一步增進生育率的提升。我國政府期望透過這些政策的實施，能在 2030 年將總生育率提升至 1.4 人，從而減緩人口減少的趨勢（教育部、衛生福利部、勞動部、內政部、國防部、財政部、經濟部、國家科學及技術委員會、交通部、行政院人事行政總處、國家發展委員會，2024）。職是之故，政府為了解決少子女化的問題，積極推動「教保公共化」相關政策，藉以鼓勵生育和穩定教保服務的品質，同時捍衛與保障幼童身心發展之權益。

貳∣我國幼兒園教保政策與現況

我國現行幼兒園的教保政策規劃，可從政府行政部門管轄權、法規政策的制定與修訂、教保服務內容的規劃來探討。我國幼兒園的行政管轄權統一為教育部，制訂了《幼兒教育及照顧法》、相關的實施細則、師資培育與任用法規，教保服務內容則以《幼兒園教保活動課程大綱》與《幼兒

教保及照顧服務實施準則》來進行規範。法規立意在於提供幼兒同享教育與照顧兼具綜合性服務、滿足現代社會家庭的教保需求、確保立案園所及合格教保人員基本權益,同時整合運用國家資源,支持幼兒發展與厚植人力,其相關的教保政策規劃,說明如下:

一 托育服務的類型與法源依據

幼托整合後,0 到 2 歲隸屬衛生福利部管轄,2 到 6 歲則由教育部來負責。托育服務一般分為三大類型,分別為托嬰中心、幼兒園、兒童課後照顧服務。托嬰中心屬衛生福利部;以幼兒園來說,中央主管機關為教育部,各縣市皆設有幼兒教育科,負責學前教育相關業務,而兒童課後照顧服務,則由教育部來統籌與管理(如表 1)。

◇表 1　托育服務類型

類型	年齡限制	隸屬機關	法規依據
托嬰中心	未滿 2 歲	衛生福利部	兒童及少年福利機構設置標準
幼兒園	滿 2 歲至未滿 6 歲	教育部	幼兒教育及照顧法
兒童課後照顧服務班 /中心	滿 6 歲至未滿 12 歲	教育部	兒童課後照顧服務班與中心設立及管理辦法

資料來源:研究者自行整理。

二 教保政策的實踐與幼兒園的發展

2 到 6 歲的幼兒園教保服務根據《幼兒園教保活動課程大綱》,分為幼幼班(2-3 歲)、小班(3-4 歲)、中班(4-5 歲)、大班(5-6 歲)四種(教育部,2017)。而以教保機構來看,可概分為四大類型:公立幼兒園、私立幼兒園、非營利幼兒園、準公共化幼兒園。依據行政院 2024 年8 月核定修正「我國少子女化對策計畫(107-114 年)」以「擴展平價教

保服務」及「減輕家長負擔」為工作重點，針對 2 歲至未滿 6 歲之幼兒，提供平價且優質之教保服務，主要項目包括私幼 5 歲就學補助（原為免學費政策）、擴大公共化（公立、非營利及職場教保服務中心）、建置準公共機制及擴大發放 2 歲至未滿 5 歲育兒津貼，並於 113 年度新增工作項目經費調整幼兒園師生比（立法院全球資訊網，2023）。從 112 學年全國幼兒園總數 6,699 所來看，公共化園數為 2,697 所，私立為 4,002 所，公立 2,189 所（統計處，2024），公私立比為 3：7，但以公共化來看則為 4：6，可以得知我國透過對公共化及準公共的政策機制，顯示公共化推動的進展逐年提升，也展現了整體教保服務的普及性和公平性。隨著公立、非營利及職場教保服務中心的增加（如表 2），幼兒能夠獲得更多元化且平價的教育選擇，有助於縮小不同社會背景幼兒在教育資源上的落差。這也有助於平衡私立和公立園所的比例，使更多幼兒能在公共資源中受益，促進教育資源的公平分配。這些政策措施不僅在經濟層面支持了家庭，亦在教育層面提升了幼兒園的服務品質與普及度，有助於推動我國幼兒教育的持續進步，為幼兒的成長和未來學習奠定了更加穩固的基礎。其相關補助與收費方式，不同類型的教保機構也不相同，說明如表 2。

三 教保服務人員的進用

幼稚園和托兒所於 2011 年合併為幼兒園後，以《幼兒教育及照顧法》將教保服務人員分為園長、幼兒園教師、教保人員、助理教保人員，再以《教保服務人員條例》來規範，敘明公立幼兒園之幼兒園教師準用《教師待遇條例》，而以契約進用的教保員、助理教保員則依《勞動基準法》相關規定；在私立幼兒園教保服務人員之權益事項，則依《勞動基準法》（如表 3），由上可知，公立幼兒園的教保服務人員與私立幼兒園的教保服務人員在權益保障方面存在明顯差異。公立幼兒園教師依據《教師待遇條例》，而教保員與助理教保員則受《勞動基準法》的規範；相對來說，私立幼兒園的教保服務人員則按照《勞動基準法》來保障其權益。這說明

◇ 表 2　幼兒園類型

類型	主管機關	招收年齡	2 歲至未滿 6 歲幼兒園育兒補助 (2022/08 起)	112 學年度幼兒園數
公立幼兒園	教育部	滿 2 歲至未滿 6 歲	1,000 元 / 月 (第二胎、第三胎免繳)	2,189 所
非營利幼兒園			2,000 元 / 月 (第二胎 1,000 元 / 月、第三胎免繳)	369 所
職場互助教保服務中心			2,000 元 / 月 (第二胎 1,000 元 / 月、第三胎免繳)	144 所
準公共化幼兒園			3,000 元 / 月 (第二胎 2,000 元 / 月、第三胎 1,000 元 / 月)	3,997 所
私立幼兒園		滿 2 歲至未滿 5 歲育兒津貼	每月領 5,000 元 (第二胎 6,000 元 / 月、第三胎 7,000 元 / 月)	
		5 歲至入國民小學前幼兒就學補助	每月領 5,000 元 (第二胎 6,000 元 / 月、第三胎 7,000 元 / 月)	

註：中低收及低收子女就讀公立、非營利、準公共幼兒園免費。
資料來源：研究者自行整理。

公立與私立幼兒園在人員待遇和保障的層級上存在差異，適用的法規也不同。這些不同的法規適用和進用資格的規範，導致了幼兒園現場人員管理上的混亂，也影響了教保服務人員在不同類型幼兒園中的待遇與保障。鑒於此現象，我國應該進一步檢視並統一相關法規，確保幼兒園教保服務人員無論在公立或私立園所，都能享有公平且明確的權益保障，進一步提升幼兒教育的整體品質。

⬀ 表 3　教保服務人員的進用

類型	職稱	適用法規與條文說明
公立	園長	以現職教師身分任公立幼兒園園長者，其待遇、退休、撫卹、保險、福利及其他權益相關事項，準用教師待遇條例、公立學校教職員退休資遣撫卹條例、公教人員保險法及其他相關法規有關公立國民小學校長之規定。 以現職契約進用之教保員身分任公立幼兒園園長者，其待遇、退休、保險、福利及其他權益相關事項之辦法，由中央主管機關定之。
	幼兒園教師	待遇、介聘、退休、撫卹、保險、福利及其他權益相關事項，準用教師待遇條例、國民中小學校長主任教師甄選儲訓及介聘辦法、公立學校教職員退休資遣撫卹條例、公教人員保險法及其他相關法規有關公立國民小學教師之規定。
	教保員 助理教保員	公立幼兒園依勞動基準法相關規定以契約進用之教保員、助理教保員，其待遇及其他相關事項之辦法，由中央主管機關定之。
私立	教保服務人員	私立教保服務機構教保服務人員之權益事項，依勞動基準法、性別工作平等法、勞工保險條例、就業保險法、勞工退休金條例、工會法、團體協約法、勞資爭議處理法、大量解僱勞工保護法及其他相關法規辦理。

資料來源：整理自全國法規資料庫《教保服務人員條例》（2022）。

四 幼兒園設立依據與規範

　　幼托整合前，因幼稚園和托兒所的立案標準著眼不同（如：使用的樓層、室內外面積等等）而產生了許多的差異，為了保障幼兒教保環境的品質，政府要求幼稚園和托兒所於改制後應合於《幼兒園及其分班基本設施設備標準》，不合規定者應限期改善，並經由《幼兒園評鑑辦法》，所有的幼兒園都應依其辦法接受評鑑，未通過基礎評鑑者，應就未通過之項目，依原評鑑指標辦理追蹤評鑑，以確保幼童使用的教保環境與活動空間

上的安全。而關於教保課程，教育部於 2011 年整合「幼兒園」後，後續
制定《幼兒園教保活動課程大綱》（2017 年 8 月 1 日生效），從「仁」
的教育觀作爲出發點，同時承襲我國的孝悌仁愛文化，來陶養幼兒愛人
愛己和關懷環境，並能勇於面對挑戰，實踐文化的素養，以終身學習爲基
礎；成爲能溝通、講道理、能思考、與他人合作、具備信心、會包容的未
來社會公民（教育部，2017），並將教保課程分爲身體動作與健康、認
知、語文、社會、情緒和美感等六大學習領域，教保服務人員視其學習指
標來實施教保活動。幼托整合後，政府致力於提升幼兒教保環境的品質，
透過《幼兒園及其分班基本設施設備標準》與《幼兒園評鑑辦法》的規範，
確保幼兒園的設施與空間符合安全與教保需求，並要求未達標者進行改善
和進行追蹤評鑑。此外，制定教保活動課程大綱促使幼兒教育有了明確的
方向與目標，以「仁」的教育觀爲核心，課程大綱不僅傳承了我國的孝悌
仁愛文化，亦強調幼兒核心素養的培養，培植成爲具備溝通、思考、合作
與包容能力的未來社會公民。這些政策與措施的推動，爲幼兒教育提供了
更健全的發展基礎，也促進了幼兒全人發展的實現。

五 準公共化政策的推行

準公共化教保服務爲今日政府推動教保服務政策的重要議題，而準
公共化政策目的是讓符合政府要件的私立幼兒園，在與政府簽訂合作契約
後，成爲「準公共幼兒園」，此舉是爲了提高生育率、減少家長育兒的負
擔，同時提升教保環境的品質及教保服務人員的待遇福利。私立幼兒園在
接受準公共化幼兒園的條件之後，家長便可以降低育兒成本，也能確保教
保服務品質，且在少子女化衝擊之下，私立幼兒園能穩定招生人數，並經
由政府的補助來提升教保服務人員的薪資待遇。基於此，準公共化幼兒園
於 2018 年（107 學年度 8 月）開始實施，除了直轄市以外，16 縣市先行
辦理，2019 年（108 學年度 8 月）則是推動至全國辦理。政府欲透過準公
共化的機制，讓私幼進入公共體系，共同推動平價、優質、永續經營的教

保環境，同時保障教保服務人員擁有合理的薪資，以期達到教保機構、教保服務人員、家長、幼兒「四贏」的局面。

　　由於我國的私立幼兒園占大多數，政府為了確保家長能夠享受平價與優質的教保服務品質，從 2007 年開始推動「教育部友善教保服務計畫實驗非營利幼兒園」、2012 年轉型推動「非營利幼兒園」至 2018 年全面推動「準公共化幼兒園」，目前「準公共化幼兒園」政策的推動，已經陷入「量」的迷失，政府雖然積極協助私立幼兒園加入準公共化幼兒園，但卻忽略在提供足夠公共化幼兒園招生數量外，更應該為家長把關托育的品質與收費，以確保公共化托育之品質保證（李元成，2019）。政府雖然在 2017 年推動擴大幼兒教保公共化計畫，投入了大量的教育經費，但這只是教育政策的輸出，不能代表教育政策的效果。張振改（2014）說明若我們不進一步分析搞清楚教育經費投入究竟對教學環境、學生的學習能力和學習效果產生的具體影響，這種評估就不具有太大的意義。職是之故，政府在推動公共化政策之下，也應做後續的追蹤，減少教育政策的失靈或是所帶來的負面影響。

參｜我國幼兒園教保政策的問題分析

　　教保公共化政策的推動，定位著幼兒園未來的發展，目的以期達到減輕家長經濟負擔與提高幼兒及早就學的政策效益，同時擴展教保服務需求，協助各個幼兒園發展自身的園所特色。政府推動準公共化政策後，其政策所帶來的正負面影響已慢慢顯現，以正面來看，提升幼生入園率、照顧經濟弱勢幼童、管制托育收費、教保服務品質、保障教保服務人員的薪資及擴大補助托育津貼等等；反之，所產生的負面影響則是出現收費的亂象，這是因為以營利導向的私立幼兒園雖然加入準公共化，但為了收取更多的利益而衍生出其他的收費項目，增加了家長的經濟負擔，其產生的問

題交錯在政府、業者、家長三者上；在發展幼兒園特色方面，則是缺乏有效的品質管控，教保服務品質自然也顯現出參差不齊的現象。

職是之故，張振改（2014）說明教育政策限度包含兩方面，一是在制定和實施教育政策沒有解決指向的問題，意即在政策的執行上產生失真的情形，二是在制定和實施的教育政策所引發了新的問題，產生預期之外的問題或結果，如同準公共化所帶來的反效果。因此，就以政府推動教保政策來探討現前的趨勢和問題。

■ 準公共化政策的漏洞與亂象

私立幼兒園加入準公共化幼兒園，雖然名義上以平價、優質的教保服務來實行，但實質上私立幼兒園在其加入準公共化後，以營利的經營手法，估算其經濟效益，那些差額補助與經營所得所產生的落差，也可能是造就業者增加其收費項目的原因，因此政府必須思索對於私立幼兒園的差額補助，評估並概算合理的經營利益，以減少收費的亂象。根據兒童福利聯盟公布「2019臺灣幼兒家長使用準公幼服務現況調查」，以實際付費超過政府公告金額（上限4500元／月）占57%，12%則為幼兒園巧立名目，要求家長繳額外的費用；其餘的為家長簽約後，園所調漲月費、延托費；幼兒園餐點品質不佳；超收現象等等（黃怡菁，2019）。準公共化政策上路至今，衍生出許多亂象，以致私幼加入意願低落，且教保員薪資未達標準、設備補助經費流向不明，這些亂象也是政府始料未及的。

然而對於規模較大且制度健全的私立幼兒園較不受整合政策的影響，以現前的準公共化政策來看，一旦加入準公共化，就必須接受縣市規範的收費、薪資、招生、幼兒園基礎評鑑及定期稽查機制，對於這些幼兒園顯然是一種干預，難以發展幼兒園的特色。這是因為各私立幼兒園課程模式與教學品質及其經營成本並不相同，現行準公共化幼兒園制度是以學生人數（90人以下）為計算經營成本主要依據之標準，對於轉型為準公共化幼兒園之私立幼兒園而言，可能會因為其限制來阻礙了未來的發展。

且政府長期投入 5 歲幼兒免學費或將私幼公共化，是否能夠掌握其教保品質或是因準公共化的「量」增加，而產生「進場」容易、「退場」難的結果，這是必須深入思量其產生的後果，以便防範政策於執行時失真的後果，同時政府也應該監督並確實查核準公共化幼兒園的落實情形。

二 教保服務人員的同工不同調

依據《幼兒教育及照顧法》所稱教保服務人員：有「園長」、「幼兒園教師」、「教保員」，以及「助理教保員」四類，雖然法規明定其職稱，但在現場，無論是公立或私立機構都存在不同的稱呼。就以教保服務人員的職稱與工作內容都依循著不同的規範，如：大班必須設置一名「幼兒園教師」，「教保員」不能單獨運作，勞動節「教保員」放假，「幼兒園教師」必須上班，變成幼兒園人力不足，大多幼兒園改以加班費來因應，且「幼兒園教師」、「教保員」兩者依循法規不同，福利待遇有所落差，但又從事相同的教保工作，造成教保人員產生不公平的心態，這也是幼托整合後最大、最棘手的問題。如此的同工不同酬，以致今日在幼教現場爭議與問題不斷。政府應於立法之中明確規範幼兒園的教師以及教保員的工作內容，以營造幼兒園的友善環境。

依據《教保服務人員教保專業知能研習實施辦法》第 2 條規定，幼兒園教保服務人員每年應參加教保專業知能研習 18 小時以上。目前「園長」、「幼兒園教師」、「教保員」，以及「助理教保員」於專業課程進修中，其課程規劃較不符合現場的需求，政府應該在教保服務人員的進修研習之中，宜針對現場的需求來規劃課程，且現場的教保服務人員工作雜務多、負擔重，進修也較不容易，這也促使幼兒園流動率較高，且社會地位無法提升，人才流失，也讓幼兒園產生不穩定的狀態。

肆│結語

　　在臺灣，幼兒園政策的實施經歷了多年的發展與調整，政府逐步完善教保服務的規範，旨在提升幼兒教育的品質，減輕家長負擔，並應對少子女化的挑戰。目前，幼兒園政策以「公共化」為核心，推動幼兒園普及化、平價化，並透過擴大育兒津貼及增設非營利教保服務機構來減少教育資源的差距。這些政策措施不僅強調幼兒身心發展的全面性，也在制度上力求公平，促進公私立教保機構之間的平衡。對於未來，我國應加強偏遠或資源相對不足地區的教保設施，讓每個幼兒都能享有同等的教育權益。此外，隨著少子化趨勢的持續，政府應進一步探討如何更有效地減輕家長育兒負擔，並鼓勵家庭生育意願，確保未來幼兒教育體系的永續發展。於此，臺灣的幼兒園政策應當與時俱進，順應社會變遷與國際教育趨勢，培育出具備全球視野、勇於創新並關懷社會的未來公民。

參考文獻

全國法規資料庫 (2022)。**教保服務人員條例**。2024 年 10 月 18 日，取自 https://law.moj.gov.tw/LawClass/LawAll.aspx?pcode=H0070071

李元成（2019）。私幼公共化之評析──幼教準公共化政策之評析。**台灣教育，720**，9-15。

國家發展委員會（2019）。**亞洲主要國家總生育率**。2020 年 10 月 30 日，取自 https://www.ndc.gov.tw/Content_List.aspx?n=6EA756F006B2A924

國教署（2017）。**擴大教保公共化 4 年規劃各縣（市）增設超過 1,000 班**。2020 年 6 月 15 日，取自 https://reurl.cc/1gkK99

張振改（2014）。**教育政策的限度研究**。北京：人民出版社。

教育部（2017）。**幼兒園教保活動課程大綱**。教育部國民及學前教育署。

統計處（2024 年 5 月 6 日）。112 學年學校基本概況統計結果提要分析，2024

年 10 月 18 日，取自 https://depart.moe.edu.tw/ED4500/News.aspx?n=A8693 F3CE2524A65&sms=75A09B01F1297F20

教育部、衛生福利部、勞動部、內政部、國防部、財政部、經濟部、國家科學 及技術委員會、交通部、行政院人事行政總處、國家發展委員會（2024 年 8 月）。**我國少子女化對策計畫（107 年－114 年）**，2024 年 10 月 18 日，取自 https://www.ece.moe.edu.tw/ch/annonces/.galleries/annonces-files/1130819__107-114.pdf

黃怡菁（2019）。**準公幼上路 8 個月，為何家長、業者都不滿？兒盟調查：逾 3 成反映不合理現象**。2020 年 5 月 28 日，取自 https://www.parenting.com.tw/article/5079396

第 11 章

校園霸凌現況及防制措施

周均育

國立中興大學人事室主任

國立臺中教育大學教育學系博士生

壹┃前言

面對 21 世紀全球化的資訊時代，資訊科技帶來的快速、方便顛覆了我們既有的家庭、社會秩序、規範和既得利益，然資訊的傳播沒有審查機制，完全交由受眾自行判斷，加上自傳媒的蓬勃發展，許多似是而非的論點令人混淆不清，失卻了道德規準，不懂得彼此尊重的界限，對成人已造成困擾，甚至被誤導，更何況是尚未成熟的兒童、青少年們，也因此來自學習的霸凌問題層出不窮，不僅造成校園問題，也是社會問題，霸凌行為不及時遏止，將嚴重影響受凌者、旁觀者、甚至霸凌者的身心發展。

兒童福利聯盟文教基金會自 2004 年開始研究校園霸凌事件，依據該基金會 2017 年臺灣社會大眾校園霸凌經驗調查報告顯示：目前校園霸凌依然存在沒有消逝，反而在大眾感受中認為更嚴重，處理方式亦不甚理想，仍待加強。「2018 臺灣校園霸凌防制現況調查」（兒童福利聯盟，2018）發現近 7 成兒少曾有接觸校園霸凌的經驗，其中 65% 為旁觀者，霸凌他人者占 9.2%，曾霸凌人也被霸凌者占 9%，曾被霸凌者占 17%，被霸凌的方式超過 50% 為被嘲笑或取綽號，其次為被捉弄或惡作劇占近40%，顯示仍有部分孩子深陷霸凌陰影。該基金會研究顯示若學生認為學校關心霸凌議題，班上的同學顯著較不會欺負嘲笑與眾不同的同學，20.6% 的學生主觀認為現在的防制校園霸凌宣導沒有用處。

綜上，本文探討校園霸凌現況及防制措施，透過分析《校園霸凌防制準則》、《校園性侵害性騷擾或性霸凌防治準則》等法規，以及教育部107-108 年度防治校園霸凌理論與實務研討會實施計畫、友善校園計畫等措施等實施現況、面臨的困難與解決策略。

貳│校園霸凌意涵、類型

一霸凌意涵

　　霸凌（bullying）是一個長期存在於校園的問題，係指蓄意且具傷害性的行為，通常會持續重複出現在固定孩子之間的一種欺凌現象（兒童福利聯盟文教基金會，2007）。依據《校園霸凌防治準則》對「霸凌」的定義為：指個人或集體持續以言語、文字、圖畫、符號、肢體動作、電子通訊、網際網路或其他方式，直接或間接對他人故意為貶抑、排擠、欺負、騷擾或戲弄等行為，使他人處於具有敵意或不友善環境，產生精神上、生理上或財產上之損害，或影響正常學習活動之進行。

　　「霸凌」是指孩子們之間權力不平等的欺凌與壓迫，它一直長期存在校園中，發生這些同儕間欺壓的行為，可能包括長期的肢體或言語攻擊、人際互動中的抗拒及排擠，也有可能是類似性騷擾般的談論性或對身體部位的嘲諷、評論或譏笑。受凌學生往往有許多如生氣、害怕、委屈的心情，但因為被另一股強大的力量壓制，所以不敢反抗或告訴家長或老師，長期下來對其身心健康有不良的影響，如無法於適當時間處遇，將形成霸凌的惡性循環，造成校園的不安與恐慌（張信務，2007）。

　　伊利諾大學教育心理學兒童發展教授若欽（Philip Rodkin），提出霸凌是從學習而來的，通常是來自於不穩定家庭環境，或有過被人霸凌的經驗（引自吳迪珣，2010）。挪威學者 Olweus 提出的霸凌定義指學生長時間、重複暴露在一個或是多個學生主導欺負與騷擾的行為之中，而且具有故意傷害的行為、重複發生、力量失衡等三大特徵（引自教育部防制校園霸凌專區）。依據校園霸凌防制準則，所謂「校園霸凌」是「指相同或不同學校校長及教師、職員、工友、學生（以下簡稱教職員工生）對學生，於校園內、外所發生之霸凌行為。」霸凌行為即個人或集體持續以言語、文字、圖畫、符號、肢體動作或其他方式，直接或間接對他人為貶抑、排

擠、欺負、騷擾或戲弄等行為，使他人處於具有敵意或不友善之校園學習環境，或難以抗拒，產生精神上、生理上或財產上之損害，或影響正常學習活動之進行。

綜上，筆者認為「校園霸凌」係指校園中學生透過學習，以言語、文字、圖畫、符號、肢體動作或其他方式故意且重複地傷害比自己軟弱的教職員工生。

二、校園霸凌類型

依照兒童福利聯盟文教基金會（2007）以及美國 Kidshealth 之資料，將霸凌歸納分為肢體、語言、關係、網路、性等五大類別。教育部防制校園霸凌專區從國際諸多文獻中，歸納區分霸凌類別為肢體霸凌、關係霸凌、言語霸凌、網路霸凌及反擊霸凌等等。根據研究，霸凌包含有肢體和非肢體上欺凌。其中肢體的霸凌是最容易辨認的一種霸凌方式，而「非肢體霸凌」是一種「隱形暴力」，在校園中其實更為普遍，令更多孩子們感覺困擾。「霸凌」對於孩子的心靈會造成傷害，也對他們日常生活適應有負向影響。綜上筆者自行整理霸凌類型、定義與特性如表 1。

⟲ 表 1　霸凌類型、定義與特性

	霸凌類型	定義	特性
肢體霸凌	肢體霸凌	有相當具體的行為表現，通常會在受害者身上留下明顯的傷痕，包括踢打弱勢同儕、搶奪他們的東西等。霸凌者通常是全校都認識的學生。	最易辨認，霸凌行為會隨著年紀增長而變本加厲，變成習慣。霸凌比例次高占 36.8%（兒童福利聯盟，2004）
肢體霸凌 非肢體霸凌	性霸凌	類似性騷擾、性暴力，包括有關性或身體部位的嘲諷玩笑、評論或譏笑、對性別取向的譏笑、傳閱與	根據 McMaster（1997）的研究認為「性霸凌」的具體表現行為：(1) 有關性或身體部位的有害玩笑、評論或譏笑：如黃色笑話、

	霸凌類型	定義	特性
		性有關令人討厭的紙條或謠言、身體上侵犯的行為，如以性的方式摩擦或抓某人的身體，或是迫使某人涉入非自願的性行為等。	飛機場等。(2) 對性取向的譏笑或是對性行為的嘲諷：娘娘腔等。(3) 傳遞與性有關令人討厭的紙條或謠言：如誰和誰接吻或發生性關係。(4) 侵犯身體的行為：觸碰下體、胸部、脫褲子、偷看或俗稱「阿魯巴」、「草上飛」的遊戲。
	反擊型霸凌	這是受凌兒童長期遭受欺壓後的反擊行為。通常面對霸凌時他們生理上會自然的予以回擊；有時被害者則是為了報復，對著曾霸凌他的人口出威脅。也有部分受凌兒童會去欺負比他更弱勢的人。	會去欺負比他更弱勢的人。在美國與日本都有因為同儕之間的肢體或非肢體的霸凌，而引發霸凌受害者自我傷害或激烈報復悲劇，後果相當可怕。在美國有孩子因受不了長期欺凌而攜槍至學校射殺同學與老師。
非肢體霸凌	關係霸凌	透過說服同儕排擠某人，使弱勢同儕被排拒在團體之外，或藉此切斷他們的社會連結，讓他們覺得被排擠。	最常見也最易被忽視。常散播不實的謠言或排擠、離間小團體的成員。造成人際疏離感，常讓受凌者覺得無助、沮喪。霸凌比例第三高占 26.9%（兒童福利聯盟，2004）。
	言語霸凌	透過語言來刺傷或嘲笑別人，易使人心理受傷，雖肉眼看不到傷口，但它所造成的心理傷害有時比身體上的攻擊來得更嚴重。	受害對象可能更廣，心理傷害比身體攻擊來得更嚴重，且言語排擠與嘲笑等非肢體霸凌很可能是肢體霸凌的前奏曲，長期的非肢體霸凌受害者也是肢體霸凌受害者的高危險群。霸凌比例最高占 50% 以上（兒童福利聯盟，2004）。

霸凌類型	定義	特性
網路霸凌	亦稱電子霸凌、簡訊霸凌、數位霸凌或線上霸凌。 網路的世界因隱匿性高、傳播範圍無遠弗屆，學生很容易成為網路霸凌者。 網路霸凌行為包括：在網誌或論壇發表人身攻擊言論，或是以辱罵文字信件塞爆對方信箱及留言版等，利用網路散布謠言、留下辱罵或嘲笑字眼等，倘若經常從事這些行為，就是網路世界的霸凌者。	隨著網路世界的發展，新興的霸凌方式 —— 網路霸凌（cyber bully）。屬心理霸凌網路世界的霸凌者，依霸凌程度可分為下列三種：(1) 網路小搗蛋：已做出會對別人造成傷害的玩笑舉動，但自己可能毫無自覺。(2) 網路小混混：常做危險、錯誤且應受管教和約束的行為。(3) 網路小霸王：重複且多次在網路做出傷害人的舉動，而且已有犯罪之虞需特別注意。

資料來源：筆者自行整理。

相關資料顯示霸凌在任何情況下都有可能發生。但主要是發生在教師或管理者無法注意到的時間及地點（民德國中，2007）例如上下學途中、午休及下課時間、體育課、上下學途中經過之巷道、廁所中、校園危險角落（垃圾場、樓梯間、頂樓、操場角落、體育館等）、校園外鄰近隱密之處。

參｜霸凌防制相關法規與實施情形

教育部於 2004 年提出「教育部推動友善校園計畫」，重點於「防制校園霸凌」、「防制黑幫勢力介入校園」及「防制藥物濫用」等，透過友善校園減少校園霸凌事件的發生。2005 年訂定 2019 年修正《校園性侵害性騷擾或性霸凌防治準則》，對於性侵害、性騷擾或性霸凌提出處理機

制、程序及救濟方法，條文中亦提出校園安全規劃。2011 年於教育部網站及各縣市網站設置防治校園霸凌專區。2012 年依據教育基本法第 8 條規定訂定《校園霸凌防制準則》，計四章 27 條條文，準則中提出校園安全及防制機制、校園霸凌之處理程序及救濟方式，透過法規的訂定宣示反霸凌的決心，並率先設立反霸凌投訴專線，各縣市紛紛設立服務專線，共同為防治校園霸凌而努力。

肆 ┃ 校園霸凌現況

　　依據教育部校安系統通報的霸凌件數，2016 年通報數 607 件，確認 167 件；至 2017 年 9 月底通報數 425 件，確認 86 件，雖然通報和確認件數相差懸殊，但教育部仍鼓勵學校、學生多通報（馮靖惠，2017）。根據國內外學者的研究結果顯示，男生較易經驗到肢體霸凌、口語霸凌，也常用威脅或恐嚇他人、奪取他人的物品、以體格上的優勢來控制弱小等方式，達成霸凌的目的，因男生認同肢體攻擊、言語侮辱，可以帶來較高的傷害性；而女生的霸凌類型則以心靈層面居多，好比關係離間、排除異己等。因女生覺得「眾人的排擠比拳頭更具有殺傷力」，因此切斷親密感的連結、破壞友伴關係的形成，常是她們報復同儕的利器。（柯清心譯，1995；羅品欣、陳李綢，2014）。

　　媒體、網路、電動玩具的暴力化與聳動化，被認為是當代滋養暴力孩童的禍首。兒童福利聯盟文教基金會調查研究指出，隨著媒體、網路資訊的發達，孩子過早接觸成人世界及充滿暴力的環境，使臺灣兒童的認知與行為皆有明顯英雄化、暴力化的傾向。近年來孩子不但從媒體學會如何使用暴力，更利用網路強化霸凌。預防霸凌，老師是關鍵人物（張瀞文，2011）。

　　網路霸凌行為發生在虛擬的網路上，又被稱為「看不見的拳頭」（江

雅芳，2012）。三軍總醫院兒童青少年精神科主任葉啟斌表示，在 2012 年因網路霸凌而求診的民眾和 2007 年相比增加了 20-30%，且以國中女生居多（龍瑞雲，2012），可見網路霸凌已經成為現代 e 化社會中亟需受到重視與研究的現象。（施琮仁，2017）

鄭英耀、陳利銘（2012）研究結果發現中學生認為關係霸凌、網路霸凌比肢體霸凌、言語霸凌來得嚴重，發生頻率愈高的霸凌行為，如言語霸凌，不見得會對學生造成較大的傷害，較少發生的肢體霸凌，學生則可能認為比較嚴重。2015 年針對不同參與角色間的校園霸凌嚴重性知覺進行研究，參與對象為 1816 位小學高年級學生，研究結果發現小學高年級學生認為肢體霸凌與言語霸凌，比關係及網路霸凌來得嚴重。霸凌者認為四類霸凌類別的嚴重性差別不大，但受凌者與旁觀者則認為肢體霸凌較嚴重、網路霸凌較不嚴重。2016 年以網路霸凌為主題、707 位國中小學生為研究對象，研究結果顯示 16 個行為中，化名留言（Impersonation）被認為是最嚴重的行為，公開網路霸凌行為比私訊網路霸凌行為來得嚴重。另網路霸凌知覺嚴重性有性別差異及參與效果差異（Chen, L. M., Liu, K. S., Cheng, Y. Y., Cheng, W., Ho, C. C., 2012-2016）。

近幾年因資訊科技快速成長，網路世界日新月異，學童幾乎人手一智慧型手機，許多 YOUTUBER 成為 KOL（Key Opinion Leader，關鍵意見領袖）（陳詩雅，李詩健 2020）。依據研究顯示 2010 年網路霸凌位居各霸凌類型之末，僅占 10% 左右（王昱婷，2010），到 2012 年中學生已認為網路霸凌比肢體霸凌、言語霸凌來得嚴重，2016 年公開的網路霸凌行為比私訊網路霸凌行為來得嚴重。到 2018 年網路霸凌已嚴重到無以復加的情況，網路假新聞攻訐甚至逼死駐日代表，網路霸凌事件層出不窮，明辨是非已近夢幻而不可及，網路霸凌在成人世界已成為首屈一指的霸凌行為，如果透過校園預防措施，是否可減少成人世界的網路霸凌事件。

伍｜校園霸凌防制措施改善方向（代結語）

　　面對校園霸凌，老師通常應是第一線的處置人員，但常因為疏忽或警覺心不夠，導致霸凌事件蔓延，一發不可收拾。霸凌事件無法根絕，根本原因在於師生對霸凌事件的認知判斷仍需加強，尚須有關單位加把勁，尤其身居第一線的學校教育更是責無旁貸。（黃金地，2012）

　　教育部自 2004 年開始防治校園霸凌，並訂定相關法規遏止霸凌事件，但霸凌事件不曾停歇，只是霸凌形式隨著科技快速進展，已從實體霸凌轉為網路言語霸凌，依據內政部主計處截至 2018 年 6 月底之人口統計資料，臺灣 11-14 歲之人口母體數為 846,656 人。臺灣目前網路霸凌橫行，對青少年做了最壞示範，10 年後這群 11-14 歲的青少年將進入社會，成為臺灣未來的主流群體，會將臺灣帶往何處？實在令人擔憂，如果再不正視網路霸凌問題並尋求解決方案，臺灣未來前途堪慮。

　　霸凌成因很多，無法細究，只能先從人性本善的根本改變，而家長若能與導師或學校充分信任、彼此合作，是解決校園霸凌事件的關鍵（兒童福利聯盟文教基金會，2019）。建立尊重的氛圍、師長的態度、家人的關心相對重要，因此，防制校園霸凌這三個環節都不可以輕忽（兒童福利聯盟文教基金會，2018）。密蘇里大學教育學院 Christopher Slaten 副教授表示：「孩子愈感到與家人、同儕及學校有緊密的連結，他們就愈不會霸凌別人。」（駐洛杉磯辦事處教育組，2019）茲就校園霸凌防制措施改善方向提出四點建議：

■一 強化家庭教育

　　先從教育父母著手，教育父母如何教導子女，關心子女，陪伴子女，讓子女在家能向父母傾吐心事，遇到困難會與父母討論，父母能中肯地與子女討論協助子女如何解決問題。倫理道德能透過家庭生活優化孩子的人品，幫助子女在學校與同儕和睦相處，對是非亦能仗義直言，但不能

得理不饒人。

二 強化校園尊重氛圍

在學校師長的態度很重要，師長以身作則帶動尊重風氣，誠如兒童福利聯盟文教基金會調查中學童認為學校越重視霸凌防治，則霸凌事件就比較和緩。對弱勢學童，師長要帶領其他同學一起多關心他們協助他們，避免弱勢學童成為被霸凌者，不要做霸凌的旁觀者，霸凌事件發生時能及時回報師長並及時處理。

三 加強網路警察機制

政府以身作則帶頭宣誓防治霸凌，並加強網路警察機制，主動維持網路秩序，避免網路霸凌憾事發生，同時修法，針對因網路霸凌致人於死者予以刑事處分。

四 加強宣導網路霸凌的法律責任

網路霸凌的行為可能會涉及《刑法》中的誹謗、公然侮辱、恐嚇危害安全罪、妨害風化罪、妨害秘密罪、散布或販賣猥褻物品及製造持有罪、傷害罪、無故入侵電腦罪等罪嫌，以及民法侵權行為（例如個人資料保護法）等，須加強宣導，避免誤觸法網。

參考文獻

王昱婷（2010）。國小學童霸凌行為與心理健康之相關研究（碩士論文）。取自臺灣博碩士論文知識加值系統。

民德國中（2007）。臺南市民德國中反霸凌推動手冊──教師版。民德國中。2020 年 6 月 22 日取自網路。

江雅芳（2012）。看不見的拳頭：網路霸凌。**諮商與輔導，323**，62-63。

李茂生（2015）。日本校園霸凌的現況與對策。**法令月刊，66**(2)，24-40。

DOI: 10.6509/TLM.2015.6602.02

吳明隆；簡妙如（2009）。青少年網路霸凌行為探究。**中等教育，60**(3)，90-109。

吳迪珣（2010 年 08 月 09 日）。美國聯邦教育部將校園霸凌死為優先解決問題。**校園電子報**。2020 年 6 月 22 日取自網路 http://epaper.edu.tw/windows.aspx?windows_sn=6169

林柏妤（2012）。校園霸凌行為之探討。2020 年 6 月 22 日取自網路。林斌（2013）。英美防制校園霸凌政策之特色：課責性的觀點。**人文及社會科學簡訊，14**(3)，72-79。

兒童福利聯盟（2004）。2004 年國小兒童校園霸凌（bully）現象調查報告。兒童福利聯盟文教基金會。取自兒童福利聯盟網頁 https://www.children.org.tw/

兒童福利聯盟（2007）。兒童校園「霸凌者」現況調查報告。兒童福利聯盟文教基金會。取自兒童福利聯盟網頁 https://www.children.org.tw/

兒童福利聯盟（2017）。2017 年臺灣社會大眾校園霸凌經驗調查報告。兒童福利聯盟文教基金會。取自兒童福利聯盟網頁 https://www.children.org.tw/

兒童福利聯盟（2018）。2018 臺灣校園霸凌防制現況調查。兒童福利聯盟文教基金會。取自兒童福利聯盟網頁 https://www.children.org.tw/

兒童福利聯盟（2019）。2019 臺灣家長對校園霸凌之認知與態度調查。兒童福利聯盟文教基金會。取自兒童福利聯盟網頁 https://www.children.org.tw/

駐洛杉磯辦事處教育組（2019）。研究顯示歸屬感減少霸凌行為。**教育部電子報**，888。取自教育部網頁 https://csrc.edu.tw/bully/bullying.asp

施琮仁（2017）。臺灣青少年網路霸凌現況、原因與影響。**中華傳播學刊，32**，203-240。

校園霸凌三級預防工作現況觀察之研究 —— 以肢體、關係、言語霸凌為例。2020 年 6 月 22 日取自網路 www.sctcps.hc.edu.tw/eweb/module/download/update/host2/file3730_48.doc

連心瑜；戴玉慈；李雅玲（2013）。青少年嘲弄與霸凌概念模式。**護理雜誌，**

60(4), 86-92。

曾慧青（2009）。校園霸凌之探討。**國家政策研究基金會**。2020 年 6 月 22 日取自網路 https://www.npf.org.tw/3/5930

張信務（2007）。營造友善校園──「從去霸凌開始」。**北縣教育，61**，31-35。

張瀞文（2011）。校園霸凌為何蔓延？親子天下雜誌。2020 年 6 月 22 日取自網路 https://www.parenting.com.tw/magazine/

教育部（2011）。防治校園霸凌專區。取自教育部網站 https://csrc.edu.tw/bully/bullying.asp

馮靖惠（2017）。防霸凌校園通報和確認數字差很大。取自聯合報新聞網。https://udn.com/news/index

黃士珍（2010）。人格特質、網路使用行為、同儕關係與網路霸凌行為相關性之研究──以屏東縣國民中學為例（碩士論文）。取自臺灣博碩士論文知識加值系統。

黃金地（2012）。從批判思考角度談案例式反霸凌教學。**臺灣教育，675**，12-14。

維基百科。校園霸凌。2020 年 6 月 22 日取自網路 https://zh.wikipedia.org/zh-tw/Wikipedia:%E9%A6%96%E9%A1%B5

龍瑞雲（2012）。網路霸凌患者增，國中女生居多。2020 年 6 月 22 日取自網路 http://www.cna.com.tw/news/firstnews/201203240055-1.aspx

羅丰苓（2013）。以「日常活動理論」探究校園霸凌的原因。**國民教育，53(6)**，89-95。

羅丰苓（2012）。談有效改善校園霸凌的策略。**學生事務理論與實務，51(1)**。2020 年 6 月 22 日取自網路痞客邦 https://safemami.pixnet.net/blog/post/29317668

羅品欣、陳李綢（2014）。「國小學童霸凌經驗量表」之編製與應用。**測驗學刊，61(2)**，213-238。

Chen, L. M., Cheng, W., & Ho, C. C. (2015).Perceived severity of school bullying in elementary schools based on participants roles. *Educational Psychology*. doi:10

.1080/01443410.2013.860220 (SSCI)

Chen, L. M., Liu, K. S., & Cheng, Y. Y. (2012). Validation of the Perceived School Bullying Severity Scale. *Educational Psychology*, *32*, 169-182. doi: 10.1080/01443410.2011.633495.

Chen, L. M., & Cheng, Y. Y. (2016). Perceived severity of cyberbullying behavior: Differences between genders, grades, and participant roles. *Educational Psychology*. doi:10.1080/01443410.2016.1202898 (SSCI)

Hill, S. C., & Drolet, J. C. (1999). School-related violence among high school students in the United States, 1993-1995. *Journal of School Health*, *69*(7), 264-272.

Zaraour 著，柯清心譯（1995）。**校園暴力：別讓孩子成為沉默的受害者**。臺北市：遠流。

第 12 章

師資培育政策

許碧蕙

南投縣國姓鄉北梅國中教導主任

國立臺中教育大學教育學系博士生

壹｜前言

　　「國家的未來，關鍵在教育；教育的品質，奠基於良師。」英國教育部（Department for Education, DfE）2010 年發布《The Importance of Teaching: The Schools White Paper 2010》，強調「決定學校體系效能最重要的因素是教師的素養」（Department for Education, 2010）。美國聯邦教育部（U.S. Department of Education）與經濟合作暨開發組織（Organization of Economic Cooperation and Development, OECD）於 2011 年聯合召開「國際教學專業高峰會議」（The International Summit on the Teaching Profession），以「建構高素質的教學專業」（Building a High-Quality Teaching Profession）為研討主題（教育部，2012）。為了符合社會變遷，我國師資培育政策也從 1994 年將師範教育體系為主的計畫式、公費制、政府分發的師資培育制度，改以儲備式、自費制、檢定甄試制的多元師資培育制度，並於 2006 年發布「師資培育素質提升方案」，依據師資養成、教育實習、資格檢定、教師甄選及教師專業成長等五個層面，研擬九項行動方案，推動整體的師資培育改革；2009 年發布「中小學教師素質提升方案」，依據上述五大層面持續全面性推動師資培育政策革新。2011 年教育部於《中華民國教育報告書》中提出「精緻師資培育素質方案」及「優質教師專業發展方案」，期盼振興師道典範、建立專業永續的師資培育制度（教育部，2011）。2012 年教育部公布「師資培育白皮書」，以「師道、責任、精緻、永續」為核心價值，從「師資職前培育」、「師資導入輔導」、「教師專業發展」及「師資培育支持體系」四大面向，擬定 9 項發展策略與 28 個行動方案，以培育富教育愛的人師、具專業力的經師、有執行力的良師為目標，期望達到「培育新時代良師以發展高品質教育」的願景。2018 年為了因應十二年國民基本教育課程綱要之施行，教育部發布《中華民國教師專業素養指引——師資職前教育階段暨師資職前教育課程基準》，調整師資職前教育課程內涵與相關配套，以培育未

來的教師具備素養導向教學之專業能力，持續進行師資供需評估機制，並建置「適性教學輔助平臺」，協助提升教師專業發展與成長（教育部，2018）。以下即針對師資培育現況、相關法令、當前面臨的挑戰及因應策略做進一步探討。

貳｜師資培育現況與相關法令

一 建構教師圖像

2012 年《師資培育白皮書》以培育具備「教育愛、專業力、執行力」的新時代良師為核心，透過「關懷」學生的起點，輔以「洞察」學生發展與社會變遷，加上「熱情」持續教育志業，成為富教育愛的人師；教育專業、學科專門知識、教學知能，以「批判思考力」為主軸，啟迪出具有思考力的學生，以「國際觀」掌握全球發展，「問題解決力」析釐面臨的教

圖 1　新時代良師圖像

育挑戰，成為具專業力的經師；具有「合作能力」，共同與教師同僚、學校教育專業者溝通與推動教育事業，再以「實踐智慧」革新教育實務，「創新能力」轉化創意思維而有嶄新教育作為，成為有執行力的良師。教育部於 2019 年另外公布「終身學習的教師圖像」，強調教師以終身學習為核心，具備「教育愛」，持續成長的「專業力」，以及擁有面對新時代挑戰的「未來力」，並在「教育愛」、「專業力」、「未來力」三個向度下，持續精進熱忱與關懷、倫理與責任、多元與尊重、專業與實踐、溝通與合作、探究與批判思考、創新與挑戰、文化與美感、跨域與國際視野等九項核心內涵，促進專業成長，提升專業知能，展開積極的專業行動，幫

助學生有效學習，培養學生具備未來社會所需的知識、能力與態度（教育部，2019）。

⌂ 表1　教師圖像及終身學習的教師圖像核心內涵

教師圖像 （2012年師資培育白皮書）		終身學習的教師圖像 （2019年教育部函）	
教育愛	洞察、關懷、熱情	教育愛	熱忱與關懷、倫理與責任、多元與尊重
專業力	國際觀、批判思考力、問題解決力	專業力	專業與實踐、溝通與合作、探究與批判思考
執行力	創新能力、合作能力、實踐智慧	未來力	創新與挑戰、文化與美感、跨域與國際視野

資料來源：整理自中華民國師資培育白皮書（教育部，2012）及教育部函（教育部，2020）。

二 師資培育政策

我國歷年《師資培育法》修正具有以下幾項特色（教育部，2019；楊思偉，2019）：

（一）多元化師資培育模式

1994年《師資培育法》公布施行後，除了師範院校得以繼續培育師資外，一般大學也可以培育師資，師資培育大學主要有三種類型：1.師範／教育大學、2.設有師資培育相關學系大學及3.設置師資培育中心大學[1]，並於1995年首度辦理教師資格檢定考試。

---

[1] 師範／教育大學為國立臺灣師範大學、國立彰化師範大學、國立高雄師範大學、國立臺北教育大學、國立臺中教育大學；設有師資培育相關學系大學為國立政治大學、國立臺南大學、國立屏東大學、國立臺東大學、國立東華大學、國立清華大學、國立嘉義大學、臺北市立大學、中原大學、中國文化大學、亞洲大學、臺灣首府大學；設置

（二）建立教師資格考試（資格檢定）及認證制度

由於儲備師資數量過度擴增，教育部於 2002 年訂定《高級中等以下學校及幼兒園教師資格考試辦法》，內容包含：1. 將教師檢定通過標準為應試科目總成績平均達 60 分，不得有二科分數未達到 50 分，且不得有一科為零分；2. 教育實習改為半年，且不發給實習津貼；3. 每年舉行一次教師資格檢定考試。2014 年增加擬真情境題比重，並強化試題分析和考題內容；國民小學師資類科加考「數學能力測驗」一科，全面提升國民小學教師數學教學知能。

教育部於 2017 年再次進行《師資培育法》修正，將舊有先實習後檢定之教育實習制度，改為先考試後實習，藉以降低教育實習機構及師資培育之大學在教育實習輔導負擔，讓實習資源能有效利用（教育部，2018）。

（三）公自費制度並行

現行師資培育以自費為主，並兼採公費與提供獎助學金的方式實施。公費生以就讀師資類科不足之學系或畢業後自願到偏遠或特殊地區學校服務之學生為原則。

⤴表 2　我國歷年師資培育政策變革

	第一階段	第二階段	第三階段	
法令	1994 年	2002 年	2018 年	
培育特性	儲備制	儲備制	儲備制	儲備制
實習階段	畢業後	畢業後	畢業後	畢業後

師資培育中心大學為國立臺北大學等 55 所大學。

	第一階段	第二階段	第三階段	
實習時間	一年（兩學期）	半年（一學期）	半年（一學期）	代理 2 年抵免實習
大學修業時間	四年	四年半	四年半	四年
實習身分	實習之師資生	實習之師資生	實習之師資生	實習之師資生
實習津貼	每月八千元	無	無	依主管機關規定
教師資格取得方式	初檢和複檢及格	檢定考試通過 先實習後檢定	檢定考試通過 先考試後實習	檢定考試通過 先考試後實習

資料來源：整理自歷年師資培育法及教育部資料。

三 師資培育現況

（一）師資職前教育階段以師培中心之中等學校師資類科數最多

2019 學年度（2019.08-2020.07）各師資類科核定師資生招生人數總計 9,469 人，實際招生人數總計為 8,397 人（如表 3）。依「師資類科」區分，以中等學校師資類科實際學生數有 4,314 人最多；依「師資生來源」區分，以師資培育中心實際學生數 3,876 人最多。整體而言，以師資培育中心之中等學校師資類科實際學生數 2,536 人最多（教育部，2019）。

（二）持續培育偏遠地區及原住民公費師資

2019 學年度（2019.08-2020.07）師資培育公費生 349 名（如表 4）。依「學習階段」區分，以國小師資公費學生數 215 人最多；依「身分別」區分，以偏遠或特殊地區公費學生數 248 人最多。整體而言，以國小偏遠或特殊地區公費學生數 135 人最多，其中原住民公費師資培育人數從2012 學年度（2012.08-2013.07）的 9 人持續增加到 2019 學年的 78 人（教育部，2019）。

（三）修正師資培育公費助學金及分發規定

依據《師資培育公費助學金及分發服務辦法》第 3 條規定，公費生

表 3 各師資類科招生之情況

師資類科	總計		師資生來源												
			師資培育相關學系			師資培育中心			學士後教育學分班			幼教專班			
	核定	實際	核定	實際	實際數結構率	核定	實際	實際數結構率	核定	實際	實際數結構率	核定	實際	實際數結構率	
2019 學年	9,469	8,397	3,873	3,569	42.50	4,401	3,876	46.16	500	380	4.53	695	572	6.81	
幼兒園	1,551	1,327	589	543	40.92	267	212	15.98	--	--	--	695	572	43.10	
國民小學	2,250	1,981	1,259	1,083	54.67	991	898	45.33	--	--	--	--	--	--	
中等學校	4,845	4,314	1,460	1,398	32.41	2,885	2,536	58.79	500	380	8.81	--	--	--	
特殊教育學校（班）	823	775	565	545	70.32	258	230	29.68	--	--	--	--	--	--	

資料來源：中華民國師資培育統計年報（教育部，2019）。

◎表4 2019學年度師資培育各類別公費學生核定名額

2019學年 身分別	合計	高中職	國中	國小	幼兒園	特殊教育			
						小計	中等	國小	學前
小計	349	4	58	215	29	43	24	12	7
比率	100.00	1.15	16.62	61.60	8.31	12.32	6.88	3.44	2
原住民	78	0	8	65	4	1	0	0	1
離島	23	0	8	15	0	0	0	0	0
偏遠或特殊地區	248	4	42	135	25	42	24	12	6
不足類科	0	0	0	0	0	0	0	0	0

資料來源：中華民國師資培育統計年報（教育部，2019）。

培育名額核定程序由中央主管機關與各直轄市、縣（市）主管機關共同決定，並透過相關規定提升公費生素質（如表 5）；另為強化原住民籍公費生對原住民族語言能力及文化的了解，於同辦法第 8 條增列原住民籍公費生應修習原住民族文化、語言相關課程之規定，使公費生畢業具備教學現場所需之教育專業及多專長知能，並透過落實公費生偏鄉服務政策，讓原戶籍地原住民學生回鄉服務等方式讓公費師資生培育朝多專長、符合在地需求、優質化、保障偏遠地區學生受教權及偏遠地區教師穩定性等目標。

◌ 表 5 　師資培育公費制度歷年修正重點

年代	修正重點
2010 年版	1. 公費生受領公費期滿一年內須修畢師資職前教育課程。 2. 公費生取得修畢師資職前教育證明書後二年內須取得教師證書。 3. 明訂公費生學業平均成績連續二學期需達班級排名前百分之三十，但成績八十分以上不在此限。 4. 德育操行成績任一學期皆須達八十分及不得受記過處分。 5. 畢業前取得符合歐洲語言學習、教學、評量共同參考架構 A2 級以上英語相關考試檢定及格證書。 6. 每學年義務輔導學習弱勢、經濟弱勢或區域弱勢學生課業達七十二小時。 7. 公費生分發後最低服務年限已在校受領公費之年數為準，不得少於一年，但有重大疾病或事故者，得展延至多二年，並以一次為限。
2012 年版	1. 公費生取得教師證書後，其於原分發服務學校之最低服務年限，以在校受領公費之年數為準，不得少於三年。但有重大疾病或事故者，得辦理展延服務，其期間至多為二年，並以一次為限。 2. 其餘同 2010 年版第一點至第五點說明。
2013 年版	1. 明訂培育公費生之師資培育大學負追繳公費生應償還公費之義務。 2. 離島地區與原住民籍保送生之第一學年成績不適用成績規定。 3. 其餘同 2013 年版第一點及第二點說明。

年代	修正重點
2015 年版	1. 原住民籍公費生畢業前應通過原住民族語言能力分級認證考試中級。 2. 原住民籍公費生畢業前應至部落服務實習八週，並給予離島及原住民籍保送生學業成績之彈性規定。 3. 公費生分發後最低服務年限不得少於四年。 4. 公費生畢業前符合歐洲語言學習、教學、評量共同參考架構 B1 級以上英語相關考試檢定及格證書，離島地區及原住民籍公費生為 A2 級以上。 5. 公費生畢業前須通過教學演示，符合中央、直轄市、縣（市）主管機關教育專業知能需求。
2018 年版	1. 公費生分發後最低服務年限不得少於六年，如有重大疾病或事故者，得展延至多三年，並以一次為限。 2. 公費生不得受申誡處分三次以上及記過以上處分。 3. 畢業前取得符合歐洲語言學習、教學、評量共同參考架構 B1 級以上英語相關考試檢定及格證書。 4. 每學年義務輔導學習弱勢、經濟弱勢或區域弱勢學生達七十二小時。 5. 原住民公費生畢業前於部落服務實習八週。 6. 原住民籍公費生畢業前應通過原住民族語言能力分級認證考試中級能力證明書。 7. 原住民籍公費生畢業前須修畢原住民族文化、語言及教育相關課程二十學分。

資料來源：整理自歷年《師資培育公費助學金及分發服務辦法》。

（四）篩選優秀實習師資生提升教育實習成效

2017 年《師資培育法》公布第 10 條，明訂教師資格檢定包括教師資格考試及教育實習，並規定參加考試與實習之條件，實施先考試後申請實習之制度，通過教師資格考試者，始得向師資培育之大學申請修習包括教學實習、導師（級務）實習、行政實習、研習活動之半年全時實教育實習，藉此篩選出「量少質精」的優質師資。

（五）完善教師在職進修制度

教育部於 2016 年公布《中華民國教師專業標準指引》，依師資養成與各階段教師應具備專業發展的能力，擬訂各面向之教師專業標準及表現指標，提升師資培育及教師專業發展，以增進教師「適性教學及相關數位科技教學」專業素養爲主要目標。2017 年配合即將實施之《十二年國民基本教育課程綱要》需求，規劃新增科技領域教師增能課程及開辦教師在職增能／第二專長學分班，並推動《十二年國民基本教育【自然科學探究與實作】課程發展師資培訓平臺計畫》。同年 8 月修正發布《教育部補助辦理教師專業發展實踐方案作業要點》，以推動教師專業發展支持系統。

此外，藉由〈全國教師在職進修網〉線上使用、後端傳報和資料庫對傳的模式，進行全國教師進修研習資訊、資源、資料的水平整合，透過民主管理、平行互動管理與行政管理並用的教師在職進修教育雲端整合行政管理技術，強化教師在職進修服務與功能。

綜觀《師資培育法》實施後，師資培育制度的改變具有以下特點：

（一）師資培育機構多元化及師資培育面向多樣化

一元化的師資培育時期，僅有師範大學、師範學院及國立政治大學的教育學系具有師資培育的資格，《師資培育法》通過後，各大學校院均可申請設立教育學程培育師資，擴展了師資培育機構的多元面貌。新制的師資培育不僅是師資職前培育，且包含師資導入輔導、教師在職專業發展與相關支持體系。師資培育的網絡不僅是師資培育之大學，也包含與中小學的培用策略聯盟（教育部，2012）。

（二）師資培育公費制度確保偏遠師資品質

師資培育公費制度的實施，吸引優秀學子投入教師行列的作用。公費生分發後最低服務年限不得少於 6 年的規定也讓偏鄉師資穩定化，有助於

偏鄉教育的發展。《師資培育公費助學金及分發服務辦法》中明確要求公費生在學期間德育操行、學業平均成績要達前百分之三十（或 80 分）、英語 B1 級以上英語相關考試檢定及格證書、義務輔導弱勢勢學生達 72 小時等等，確保公費生培育品質，發揮公費生培育成效。師資培育公費制度對於穩定原住民族地區師資也有相當的助益。《師資培育公費助學金及分發服務辦法》中規定原住民公費生畢業前需取得中高級以上原住民族語言能力證明書、部落服務實習 8 週以上，修畢原住民族文化、語言及教育相關課程 20 學分等規範，皆有助於公費生重新認識自己的文化，肩負傳承原住民文化角色，進而發揚文化特色。

（三）辦理教師資格檢定考試以確保師資生素質

2002 年《師資培育法》修正案通過，教師資格取得方式改為修畢師資職前教育的師資生必須通過教師資格檢定考試，方能獲得教師證書，可確保教師素質達一定水準。

參｜當前師資培育的挑戰與因應策略

師資培育多元化後面臨諸多重大問題，例如在師資培育品質方面，各大學大量申請設立教育學程中心／師資培育中心，導致師資培育數量嚴重供過於求；多元化之後的師資培育品質也面臨師資素質下降的隱憂；教育實習運作之實習教師、實習指導教授與實習輔導教師三聯關係不夠密切，實習機構的輔導品質參差不齊等問題（教育部，2012）。

一 師資培育供過於求，不易吸引優秀學子投入教職

在師資職前培育階段，因為教師缺額減少，師資生畢業後擔任教職不易，參加師資生遴選的人數銳減，優秀學生投入教職意願不高，師資生遴

選很難挑選到最優秀的人選，讓未來的師資素質下降，進而影響品質（楊思偉，2019）。

二 師資職前培育課程有待系統化整合

目前教育專業課程的實務教學內容不足，學科專門知能與中小學教材內容結合度不足，學科教學知能的課程設計不足，另各階段師資培育課程的教育專業知能未能系統化與整體化規劃，師資培育課程有關教師志業與品德倫理教育亦有所欠缺，難以陶冶師資生的良好品德（教育部，2012）。

三 各教育階段師資專業能力亟待再強化

在中等教育師資方面，中等學校教師專門學科教學能力弱；國民小學師資方面，無法培育出能勝任國民小學包班教學之師資。幼兒教育師資方面，如何建立依幼兒發展年齡層所需的保育和教育專業知能，成為迫切且重要的課題。特殊教育師資方面，中小學教師面臨班級內各類型特殊學生的特殊教育相關知能不足等問題（教育部，2012）。

四 教師資格檢定無法適切檢核師資生能力

現行檢定方式是以紙筆測驗進行，對於測驗題目是否具有檢核教師活用知識程度的信度、效度，以及是否能夠真正篩選出具有教育愛與良好品德的教師，經常成為爭議的議題。

五 教師在職進修內容未與其職涯發展階段結合

目前我國教師專業發展方面的實踐，缺乏長遠性與整體性的規劃，在整個研習規劃上偏重關注當前問題的解決，或是一些政策性的考量與配合，較少從教師生涯發展的角度著眼，因而不能符合教師的發展需求。

六 欠缺教師專業發展之激勵與評鑑機制

教師進修係教師的權利也是義務，有很多教師為了專業的需求尋求進修的機會，但亦有少數教師應付上級或法規要求。另有部分教師進修主要為獲得學位或晉級加薪，因此，進修學位或課程非關教師教學。近年來教育改革頻繁，學生管教問題較費心力，又缺乏教師成長的激勵措施，教師進修熱忱有下降趨勢。而對於不願參加進修者，也缺乏監控督導機制等問題（教育部，2012）。

根據上述師資培育的挑戰，提出幾點因應策略：

一 擴大公費生師資培育模式

目前師資公費生名額有限，讓亟欲投入教職的優秀人才無法獲得保障，因此建議提高大專院校公費生名額，除了吸引優秀人才進入教育團隊，提升師資素質外，也可以保障清寒優秀學子，彌平社會經濟造成的階級複製現象。

二 進行師資生特質診斷

隨著資訊快速變遷，師資生除了學得經師、人師等專業能力外，更重要的是擁有與時俱進，不斷學習的態度與求知慾，因此在師資生篩選時，建議以相關量表檢測該生性向特質，一方面讓師資生及早了解自己的特質與未來教職工作是否吻合，一方面也可以讓師培中心建立符合該特質學生的課程，達到雙贏的目的。

三 健全教師專業評鑑制度

教育部於 2006 年開始推動教師專業發展評鑑制度，至 2017 年暫停該項政策，改以「實施校長及教師公開授課參考原則」作為促進教師組成

社群、共同備課、接受教學觀察及專業回饋的方式促進教師專業成長，這種「教師專業發展支持系統」無法解決教學現場不適任教師問題，因此建議未來建立鼓勵優秀教師制度，淘汰不適任教師，以強化教育現場師資陣容。

肆 | 結語

　　隨著時代變遷，師資培育制度也經歷許多變革。師資培育白皮書政策近年來陸續實施並有具體成果，例如修正師資培育法、公布《中華民國教師專業標準指引》及《師資職前教育階段暨師資職前教育課程基準》；提高國中小教師編制、增加公費生名額充裕偏鄉師資，並實施競爭型公費培育制度、精進教師資格檢定考試等等（林政逸，2019）。期望未來師資培育更能將理論與實務結合，以符應 12 年國教核心素養導向教學與評量，以及中小學與幼兒園之師資需求。

參考文獻

林政逸（2019）。師資培育白皮書發布後師資職前培育和教師專業發展之省思。**教育研究與發展期刊，15**(1)，1-28。

教育部（2009）。**中小學教師素質提升方案**。臺北市：作者。

教育部（2012）。**中華民國師資培育白皮書**。臺北市：作者。

教育部（2014）。教師法施行細則。取自 https://law.moj.gov.tw/LawClass/LawAll.aspx?PCode=H0020041

教育部（2016）。**中華民國教師專業標準指引**。臺北市：作者。

教育部（2019）。**中華民國師資培育統計年報（民國 108 年）**。臺北市：作者。

教育部（2018）。師資培育法施行細則。取自 https://law.moj.gov.tw/LawClass/

LawAll.aspx?PCode=H0050007

教育部（2019）。終身學習的教師圖像。取自 https://eb1.hcc.edu.tw/edu/pub/
index_show.php?id=79663&org=1

教育部（2019）。師資培育法。取自 https://law.moj.gov.tw/LawClass/LawAll.
aspx?PCode=H0050001

教育部（2019）。教師法。取自 https://law.moj.gov.tw/LawClass/LawAll.
aspx?PCode=H0020040

楊思偉（2019）。**臺灣教師教育之今昔與前瞻**。臺北市：五南。

楊思偉、陳木金、張德銳、黃嘉莉、林政逸、陳盛賢、葉川榮（2015）。**師資培
育白皮書解說理念與策略**。臺北市：心理。

第 13 章

永續發展教育

李宜麟

國立臺中教育大學校務中心博士後研究員

壹｜前言

近年來，在各國學校內外都重視 Education for sustainable development（ESD）（在中國大陸和日本稱爲可持續性發展教育，在臺灣則稱永續發展教育，下文即以永續發展教育稱之），意謂 ESD 已廣泛被全球各國視爲重要課題之一，而非僅是個別國家的問題；然 ESD 的推動與實踐過程並非是線性發展，從針對環境污染的問題，移轉至環境教育學習，都顯示主權國家在社區生活和工作中，已考慮到與地球自然共生的重要性（田中耕治、水原克敏、三石初雄、西岡加名惠，2018：277）。

其次，聯合國地球高峰會 1992 年通過的「21 世紀議程」（Agenda 21），在第 36 章闡述「促進教育、提高公眾意識和強化培訓」中，明確指出 ESD 的四大驅力，即：改善優質基礎教育的途徑、重新設定現存教育的方向、發展公眾對永續的了解與覺知、提供培訓（葉欣誠，2017：72）。由此可見，透過 ESD 對於 21 世紀永續社會的建立、永續發展人才的培育、永續發展產業的促進等，頗具重要與價值。

然永續發展教育在臺灣，大眾對於永續發展教育的認知，多數將永續發展教育看待爲環境教育，事實上環境教育只是永續發展教育的一部分，或是永續發展教育的起點，永續發展教育實則強調藉由實踐行動，解決當地社區的社會問題，其問題範疇包含：經濟、環境、社會等多層次面向。因此，永續發展教育可說是爲解決當代或下一代社會問題而培育的社會領導人才教育。所以，本文主要目的首先說明聯合國永續發展教育的意義和重要性、其次說明臺灣永續發展教育的發展和主要政策、最後提出問題和趨勢，以供參考。

貳｜聯合國永續發展教育（ESD）的意義與重要性

　　Sustainable development 這個用語是 IUCN（International Union for Conservation of Nature）在 1980 年的「世界自然保育方略」（World Conservation Strategy）中首先提出；1987 年聯合國在《環境與發展世界委員會》報告書出現「我們共同的未來」（Our Common Future），1989 年教育、公眾意識和培訓系統被視爲實施永續發展的重要手段，並收錄至《21 世紀議程》（Agenda 21）的第 36 章，此爲第 1 份將教育確定爲實現永續發展的重要工具，並強調教育行動領域的國際文件；1992 年以後，聯合國環境與發展會議（The United Nations Conference on Environment and Development, UNCED）將「永續發展」此一主題，迅速傳播到世界各地，「永續發展」的主題涵蓋範圍包含：環境、經濟和社會；同年，聯合國教科文組織（The United Nations Educational, Scientific and Cultural Organization, UNESCO）在聯合國秘書長要求下，對於未來幾年後的「促進教育、提高公眾意識和強化培訓」（promoting education, public awareness and training），進行加強和調整；2002 年，許多國家一致認爲「永續發展」需要更多的進展，因此提出「聯合國永續發展教育十年」計畫（UN Decade of Education for Sustainable Development, UNDESD）（阿部治，2009：22；鈴木敏正，2013：128-129；York University, 2019）。

　　2014 年在日本，各國教育部長在「永續發展教育世界會議」（World Conference on Education for Sustainable Development），通過 360 項承諾，並呼籲採取 ESD 主流緊急行動，同時聯合國教科文組織啟動《全球永續發展教育行動計畫》（Global Action Programme on ESD, GAP），凸顯 5 大優先行動領域；2015 年在韓國，各國教育部長通過一項教育戰略實施 SDG 4《教育 2030》（Education 2030），對 2030 年議程和 17 個可持續發展目標做出貢獻，同時確定永續發展教育的新總體願景；2016 年 ESD

已成為這 17 個 SDG 的核心，以實現我們地球和所有人的可持續未來；2019 年以後，則進一步擴大 ESD 在政策和實踐方面的規模，使 ESD 成為全球所有正式教育系統的基本目標（York University, 2019）。

ESD 為何可以成為全球正式教育系統的基本目標？其主要原因在於，世界存在環境、貧困、人權、和平與發展等問題，藉由全球思考和在當地採取行動，以創造新的價值觀和行動，進而解決這些問題，而此為 ESD 的任務；所以，ESD 除旨在創建可持續發展社會的學習和活動外，也是一種培養領導者建立永續社會（Sustainable Society）的教育（文部科學省，2013）。具體言之，ESD 為聯合國針對教育所推之方案，其目的在於鼓勵知識、技能、價值觀和態度等四方面的改變，使能成為一個永續發展和公正的社會共有。ESD 的意義與重要性，在於藉由平衡和綜合的方法解決永續發展的經濟、社會和環境方面的問題，同時實現當代人與未來一代的公平性發展。

ESD 的實施需要從個體以及個體與他者等二個面向著手。其中，個體方面包含：人格發展、自律心判斷力、責任感；個體與他者方面包含：認識與他人、社會和自然環境的關聯性，培養可以尊重「關聯」的人。因此，為解決諸如環境、和平、人權等 ESD 各種問題，是需要基於環境、經濟、社會和文化等各個面向的跨學科綜合努力（文部科學省，2013）。雖然永續發展教育常被強調為是一門綜合性的教育，但它卻是具有自身的獨特性和發展邏輯（鈴木敏正，2013：127）。

進一步來說，若從「建設永續發展社會」的角度出發，有必要聯繫 ESD 相關的各個領域，展開全面工作。其各個領域包含：環境學習、氣候變遷、生物多樣性、防災學習、國際理解學習、與世界遺產和地區文化財等相關的學習、其他相關的學習；而上述各個領域環繞的中心點是 ESD 的在知識、價值觀和行動等面向的基本思維，也包含環境、經濟、社會的整合發展此一概念。

綜上所述，ESD 主要是創建永續發展社會的學習和活動，進而培養

領導者建立永續社會的教育。ESD 的體現主要是在知識、技能、價值觀和態度的改變，使能實現當代人與未來一代的永續公平性發展。

參｜臺灣永續政策現況

　　教育部於 1990 年根據《中華民國現階段環境保護政策綱領》，以任務編組成立環境保護小組，開始推動各級學校的環境保護及教育深耕事業後，隔年成立「環境教育委員會」，擴大擬具環境教育相關專業專家學者，並於 1992 年 10 月頒布《環境教育要領》，作為臺灣推動環境教育重要指導原則，其主要措施包含：「建立完整之環境教育體系」、「加強各級學校與社會的環境教育」、「培養環境保護及環境教育人才」、「加強環境教育研究」、「推動國際合作」、「輔導及獎助環境教育之個人或團體」等方面；行政院更於 1994 年成立「行政院全球變遷政策指導小組」以順應當時全球氣候變遷趨勢，再於 1996 年由行政院經建會設置「國家永續發展論壇」，提供公共參與的場所，讓產官學研各界經過公開、廣泛的討論後，建立共識研擬我國永續發展政策綱領（教育部，2020a：18）。

　　而由「行政院全球變遷政策指導小組」所成立的跨部會「行政院國家永續發展委員會（簡稱永續會）」首於 2009 年提出《永續發展政策綱領》，針對願景、基本原則、理念方向和政策內涵進行說明；首先，以「當代及未來世代均能享有『寧適多樣的環境生態』、『生活開放的繁榮經濟』以及『安全和諧的福祉社會』」作為願景下，再提十項基本原則，包含：世代公平原則、平衡考量原則、環境承載原則、優先預防原則、社會公義原則、健康維護原則、公開參與原則、科技創新原則、政策整合原則、國際參與原則（行政院國家永續發展委員會，2009），並依據上述願景和原則，再研議出 21 世紀議程國家永續發展願景與策略綱領架構，如圖 1 所示。

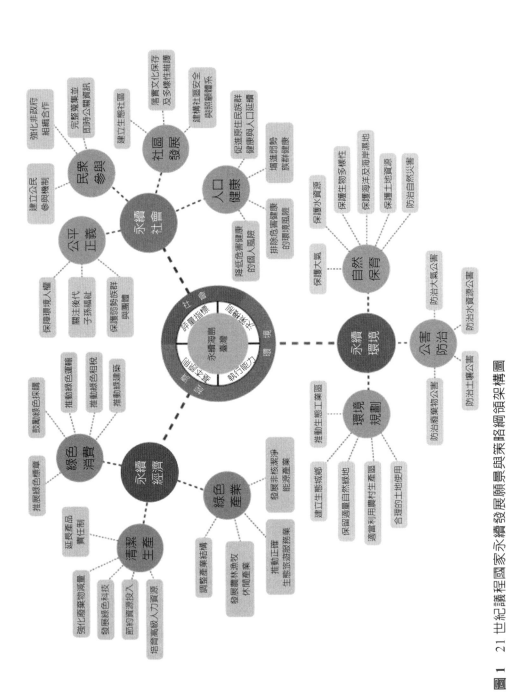

圖 1 21 世紀議程國家永續發展願景與策略綱領架構圖

資料來源：行政院經濟建設委員會（2004）。臺灣二十一世紀議程國家永續發展願景與策略綱領。臺北：行政院。

2018 年為因應聯合國發展目標的推動，行政院國家永續發展會參考 The World in 2050（TWI2050）的六大轉型行動領域（如圖2），再發布臺灣永續發展目標，包含：18 項核心目標、143 項具體目標和對應指標，進而掌握臺灣落實永續發展目標時的關鍵政策措施（如圖3）。

數位化革命
人工智慧、大數據、生物科技、奈米科技、自動化系統

人才與人口變化
教育、健康、老化、勞動市場、性別、不平等

智慧城市
合宜住宅、運輸、永續基礎建設、污染

消費與生產
資源使用、循環經濟、適足、污染

食物、生態與水資源
永續集約化、生物多樣化、森林、海洋、健康飲食、營養鹽

減碳與能源
資源能源普及性、效率、電氣化、合宜服務

圖2　六大轉型行動領域
資料來源：引自教育部（2020a）。**永續發展目標（SDGs）教育手冊──臺灣指南**。
　　　　　臺北：教育部。

肆 | 臺灣永續發展教育政策現況

一 臺灣教育脈絡在地過程與 SDGs 的對接

根據上述臺灣永續發展目標，我國教育部於 2020 年提出 SDGs 與十九項議題關聯圖（如圖4），以對接 SDGs 和臺灣教育現況，協助第一線教師了解現階段臺灣教育脈絡在地化過程，連結聯合國永續發展目標（SDGs）的實現。

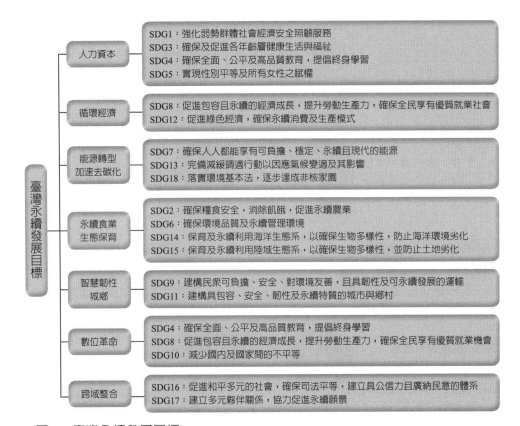

圖 3　臺灣永續發展目標
資料來源：行政院國家永續發展委員會（2019）。**臺灣永續發展目標**。臺北：行政院。

1 消除貧窮	2 消除饑餓	3 良好健康與福祉	4 優質教育	5 性別平等	6 潔淨水與衛生
品德教育	環境教育	健康與體育教育	創新教育	性別平等教育	環境教育

生命教育
多元文化教育
閱讀素養教育
戶外教育
原住民族教育

7 可負擔的潔淨能源	8 尊嚴就業與經濟發展	9 產業創新與基礎設施	10 減少不平等	11 永續城市與社區	12 負責任的生產與消費
能源教育	生涯規劃教育	科技教育資訊教育	人權教育	防災教育安全教育	家庭教育

13 氣候行動	14 水下生命	15 陸域生命	16 和平正義與制度	17 夥伴關係
環境教育	海洋教育	環境教育	法治教育	國際教育

圖 4　SDGs 與十九議題
資料來源：教育部（2020a）。**永續發展目標（SDGs）教育手冊──臺灣指南**。臺北：教育部。

臺灣永續發展教育發展目標

　　為配合聯合國教科文組織，將永續發展教育納入教學和學習，實現永續發展的目標，教育部針對 SDGs17 項指標，就幼兒教育、國小教育和國中教育等三個教育階段，串接聯合國脈絡和臺灣脈絡後，研擬 SDGs17 項目標在「知識」、「情意」和「技能」等三個面向的策略作法（教育部，2020a：33）。礙於篇幅有限，以下僅以 SDG1 消除貧窮表 1，扼要說明。

表 1　幼兒教育、國小教育和國中教育的 SDG1 策略作法

聯合國永續發展目標		策略作法
SDG1 消除貧窮	知識面	1. 理解極端貧窮和相對貧窮的概念,並具批判性地反思隱藏在背後的文化差異性。 2. 認識貧窮的根源和影響,例如:資源和權力分配不均、殖民、衝突、自然災害引發的災難和其他氣候變化造成的影響、環境惡化,以及缺乏社會保障體系和措施,包含在地、全國和全球極端貧富的分布情況。 3. 能說明極貧和極富這兩個極端,如何影響基本人權和需求。 4. 了解縮短貧富差距的策略和措施,能夠思考解決貧窮問題的辦法。
	態度面	1. 能夠提高對極端貧富的認識,並鼓勵展開對話,尋找解決方案。 2. 提升對於貧窮問題的敏感度,例如:營養不良、兒童和產婦高死亡率、犯罪和暴力。 3. 同情並聲援貧窮人口與弱勢族群,如血汗工廠、童工等貧窮狀況下的工作條件。 4. 面對窮人和弱勢族群應對困境時,能夠辨別有關貧窮的個人經驗和偏見,批判性地反思自身在維護全球不平等結構中的作用。
	技能面	1. 能規劃、實施、評估和推廣有助於減少貧窮的活動,例如:規劃一個由學生經營的公平貿易活動,在自身的消費活動中考慮到貧窮、社會正義等因素。 2. 能評估、參與和影響與在地、國內和跨國企業涉及產生和消除貧窮的管理策略有關的決策。 3. 能公開提出要求和提供支持,以制定並整合社會和經濟公正促進政策、減少風險策略和消除貧窮行動。 4. 面對弱勢族群所應對的困境,能提出解決方案,解決與貧窮相關的系統性問題。

資料來源:修改自教育部(2020a)。

伍 ┃ 問題與趨勢

一 問題

（一）國家級永續發展教育政策藍圖未能呈現

我國永續發展主要是由行政院國家永續發展委員會負責，教育部於 2020 年推動《永續循環校園探索及示範計畫》，但該計畫僅聚焦校本位、特色課程發展與硬體設施改善，銜接環境教育學習主題：校園環境系統與教育、食安與生產鏈、PM2.5 跟降溫節水議題、韌性生活與環境對應作為、能源資源節約與創發利用（教育部，2020b）。未能以國家級永續發展教育政策視野，提出我國從幼兒教育至高等教育的永續發展教育在各層面（課程面、師資面、當地社區產業與資源、學校）的整體藍圖計畫。

（二）十二年基本教育課程綱要未能納入永續發展教育議題

課程為落實永續發展教育精神的要素之一，永續發展教育的課程不僅不同於以往的學科知識課程，也和主題課程有所不同。永續發展教育的課程強調藉由行動方案的落實，以改善當地社區的社會、經濟和自然等面向，進而使社區重啟永續發展的活力，而非單純的環境教育。

（三）教師對於永續發展教育的相關知能不足

永續發展教育的落實，除仰賴政策的推動、課程設計和行動方案的實踐，主要關鍵在於教師是否能掌握永續發展教育課程的教學知能，以及引導學生落實行動方案。是以，培育教師具備永續發展教育的知能和技能，實為重要。

（四）永續發展教育在 SDGs 推動策略應整合切割學習層面

SDGs17 項目標在永續發展教育的推動策略和作法，不應僅聚焦切割「知識」、「態度」和「技能」等學習或教學面向，應以「知識」、「態

度」和「技能」為基礎下,「整合」和「實踐」所學,落實 ESD 行動方案實踐精神於社區,具體展現「社會實踐學」。

二、趨勢

(一) ESDG 勢在必行

ESDG 是指藉由永續發展教育(ESD)達到聯合國永續發展目標(SDGs)。2019 年聯合國推出《ESDfor 2030》十年方針,該方針包含能達到 SDGs 的所有 ESD 活動,活動中也明確指出促進學習者了解永續發展的 SDGs 目標。

(二) ESDG 行動方案為新世代教學

以 ESD 為教育方針實踐 SDGs 的過程中,行動方案的實踐將成為各國永續發展中各級教育教與學的主要方式。行動方案的實踐除體現當代知識份子善盡社會責任,也增進師生和學生間在教學和學習過程中的廣泛討論,以達教學相長。

(三) ESDG 破除「學校」教與學之界線

ESDG 行動方案實踐過程中,教師將不是學生唯一的教導者,各領域的專家學者都可以是學生的教導者,學校也不是唯一的學習場所,圖書館、自然生態場域、研究所、私人企業等場域,都可成為學生學習的地方。

參考文獻

行政院國家永續發展委員會(2019)。**臺灣永續發展目標**。臺北:行政院。

行政院經濟建設委員會(2004)。**臺灣二十一世紀議程國家永續發展願景與策略綱領**。臺北:行政院。

教育部（2020a）。**永續發展目標（SDGs）教育手冊──臺灣指南**。臺北：教育部。

教育部（2020b）。**教育部補助永續循環校園探索及示範計畫申請說明**。2020 年5 月 4 日擷取自 https://www.esdtaiwan.edu.tw/upload/%7BB67EC036-B214-4616-9DCA-51E376CA4A04%7D/108%E5%B9%B4%E5%BA%A6%E6%95%99%E8%82%B2%E9%83%A8%E6%B0%B8%E7%BA%8C%E5%BE%AA%E7%92%B0%E6%A0%A1%E5%9C%92%E6%8E%A2%E7%B4%A2%E5%8F%8A%E7%A4%BA%E7%AF%84%E8%A8%88%E7%95%AB%E7%94%B3%E8%AB%8B%E8%B3%87%E6%A0%BC%E8%88%87%E9%A0%85%E7%9B%AE%E8%A6%8F%E5%AE%9A(%E7%A4%BA%E7%AF%84%E8%A8%88%E7%95%AB).pdf

葉欣誠（2017）。探討環境教育與永續發展教育的發展脈絡。**環境教育研究，13**(2)，67-109。

文部科學省（2013）。**ESD（Education for Sustainable Development）**。2019 年 10 月 01 日擷取自 http://www.mext.go.jp/unesco/004/1339970.htm。

田中耕治、水原克敏、三石初雄、西岡加名惠（2018）。**新しい時代の教育課程**。東京：有裴閣株式會社。

阿部治（2009）。**「持続可能な開発のための教育」（ESD）の現状と課題**。2019 年 9 月 26 日擷取自 https://www.jstage.jst.go.jp/article/jsoee/19/2/19_2_2_21/_pdf

鈴木敏正（2013）。**「持続可能な開発のための教育（ESD）」の教育学的再検討：開発教育と環境教育の理論的・実践的統一のために**。開發論集，**91**，127-153。

York University (2019). *History of ESD*. Retrieved from http://unescochair.info.yorku.ca/history-of-esd/

第 14 章

不適任教師處理議題分析

郭冠毅

臺中市北屯區新興國小學務主任

國立臺中教育大學教育學系博士生

壹│前言

民國 108 年《教師法》修正之後，教育部回應社會各界對於違反法律、教學不力或不能勝任現職教師積極處理的態度，這次的修法不僅完善了不適任教師處理機制，更加快不適任教師相關案件處理速度，以期增進教學品質，維護學生權益。但是本次的《教師法》修正僅僅成為了一種學校不作為時的補救機制，對於習慣鄉愿的教育環境，並不能真正有效的找出教學現場的不適任教師，更不能有效鼓勵在教育現場裡默默付出的教師們。

鄰近國家如日本、新加坡與中國大陸的中小學教師評鑑考核模式皆與薪資、職級晉升、獎金獎勵連動，也直接影響教師的聘任以及不適任教師處理。其實，目前我國的教育現場之中，校長對於老師的實際約束力是很小的，考核本身是一種價值判斷的過程，而教學又是一個複雜的歷程，因此，要進行一個有效的價值判斷，自然並非易事，因此需要客觀公正價值判斷；另臺灣教師受到較少的第三者的檢視，教師教學的投入靠的唯有「教師專業倫理」和「教師自律」，然而教師倫理的道德標準有高也有低；教師自律的標準更是因人而異……沒有檢驗標準，所以只能自由心證。

因此，臺灣若想確保教學成效，發揮教育導向功能，打破教育界「凡事只求 60 分、輕鬆快樂過一生」的詭異現象，唯有賴教育主管機關積極建立一套客觀有效的方法與規準，以培育適任的好老師。

貳│何謂不適任教師

有關不適任教師的定義，在《教師法》第 14 條已經明確列出 11 種行為可以列入解聘、停聘或不續聘之要項（教師法，2019 年 6 月 5 日，取自 https://law.moj.gov.tw/LawClass/LawAll.aspx?pcode=H0020040）。涉

及法律相關案件者，由於有法令判決作為解聘之依據，在處理上比較不會有爭議。真正造成學校最大困擾與難以處理者，主要為教學不力或不能勝任工作，有具體事實或違反聘約情節重大。其中「教學不力或不能勝任工作」的樣態，係依據中華民國 109 年 11 月 11 日臺教授國部字第 1090126278B 號，核釋《教師法》第 16 條第一項第一款所定教學不力或不能勝任工作有具體事實，指教師聘任後，有下列各款一款以上情形，且其情節未達應依《教師法》第 14 條或第 15 條予以解聘之程度，經就相關之各種具體事實綜合評價判斷，而有予以解聘或不續聘之必要者。若從教學不力或不能勝任工作的定義來看，由於未能進行有效教學與班級經營，致使班級經營欠佳，學生無法獲得學習，且發生問題也未能配合學校的改善建議，應可認定為不適任教師。然問題之出現，絕非單方、片面可以指責是教師或是學校方面的問題，而是整體系統的問題（Futernick, 2010）需要深入研究。

參 ｜ 如何化不適任為適任的處理

一 初任教師的輔導與評鑑

教學輔導教師制度在 1950 年代首先運用在師資職前培育的「教學實習」（student teaching）；1980 年代開始運用在初任教師的導入輔導（beginning teacher induction）方案中。歐美先進國家行之有年的「教學輔導教師」（mentor teachers）可做為提升教師教學品質並預防不適任的機制，教學輔導教師的理論基礎主要有 Vygotsky 的「鷹架理論」（scaffolding）、Bandura 的「自我效能理論」（self-efficacy theory）、Erikson 的「心理社會期發展論」（the theory of psychosocial development），以及 Fuller 的教師生涯發展理論（許雅惠，2004；蔡玉

對，2007）。

　　資深教師和新手教師一起工作，資深教師藉由示範、討論、回饋等提供新手教師成長的鷹架，達到其潛能發展最大化的發展區（許雅惠，2004）；教學輔導教師制度藉由良師典範的現身說法或示範教學，讓新手教師獲得心理上的支持，並有觀察學習的機會，如此亦能增進新手教師的教學能力和技巧（蔡玉對，2007）；初任教師格外與同儕建立相互協助與支持的關係，才能免於逐漸成為個人主義的專業習慣，限制日後專業潛能的持續發展（陳美玉，1999）。學校校長及行政人員可由平日的巡堂、教學觀察與師生互動中來確定初任教師的教學能力與態度，並透過這種嚴密考核與篩檢，來確保初任教師的教學品質。

三、行政的教育品質管制與輔導責任

　　校長、主任走出辦公室落實走動式管理，就會發現許多老師的問題，在第一線就能發現與解決。行政工作並非只是在事件發生後介入處理，倘若在老師發生問題或困境之初，就能採取適宜的協助或防範措施，許多不適任教師的問題就不會演變成不可收拾的局面了。

1. 善用「海恩法則」

　　「海恩法則」說明任何一件事故都是有原因的，並且是有徵兆的；它同時說明教學安全是可以控制的，不適任教師的問題其實是個可以避免的教育現況。比如情緒的轉變、行為的怪異等，若能在初始提早發現，便可提早給予治癒的機會。校內教師罹患疾病、教學不力或行為、言語暴力，皆是有跡可循，學校若沒有善盡監督之責適時關心提醒，實在難辭其咎。

2. 適切啟動輔導機制，進行同儕協助與輔導

　　教師在教學過程中難免會遇到困難，如果能主動調適，困難不但可以解決，自己的教學經驗也可以不斷的提升和改造。然而如果遇到自己無法解決的困難，就有必要尋求校內外同儕夥伴的協助，以免單純的教學困難成為「冰凍三尺非一日之寒」的宿疾，終致無法補救的地步。學校中如有

需要輔導的老師，應發揮團體的關懷，提供適當心理諮詢服務，或安排同儕協助班級經營與教學改進的問題解決，而非被動式的蒐集資料，徒引反感與惡化團體氣氛。

3. 落實教師成績考核，推動教學客觀評價制度

在《公立高級中等以下學校教師成績考核辦法》爲落實《教育基本法》第 8 條有關使學生不受任何體罰及霸凌行爲，造成身心之侵害之零體罰規定，及學校對教師不同懲處種類之懲處權行使期間應有合理區分，於 2020 年爰修正辦法以維護教師權益及法條秩序之安定（公立高級中等以下學校教師成績考核辦法，2020 年 2 月 20 日，取自：https://law.moj.gov.tw/LawClass/LawHistory.aspx?pcode=h0150002）。該辦法與不適任教師處理流程之相關依據法規之內容，有許多教師不當情事都相同，如下表。對於學校在面對與處理教學不力或不能勝任工作教師之行爲，應送考績會作成相關記過之處分、於年終成績考核時依實評判，或進入不適任教師處理流程，由教評會進行相關的輔導或評議之選擇。

表 1　公立高級中等以下學校教師成績考核辦法與「教學不力或不能勝任工作」情事認定參考基準照表

公立高級中等以下學校教師成績考核辦法第 6 條第 2 項記大過者	中華民國 109 年 11 月 11 日臺教授國部字第 1090126278B 號「教學不力或不能勝任工作」情事認定參考基準
（五）違法處罰學生，造成學生身心傷害，情節重大。	四、體罰學生，有具體事實者。
第 6 條第 4 項記過者	「教學不力或不能勝任工作」情事認定參考基準
（三）違法處罰學生或不當管教學生，造成學生身心傷害。	五、教學行爲失當，明顯損害學生學習權益者。
（五）有曠課、曠職紀錄且工作態度消極。	二、有曠課、曠職紀錄且工作態度消極，經勸導仍無改善者。

(六) 班級經營不佳，致影響學生受教權益。	七、班級經營欠佳，有具體事實。
(七) 在外補習、違法兼職，或藉職務之便從事私人商業行為。	九、在外補習、不當兼職，或於上班時間從事私人商業行為者。
第 6 條第 4 項記申誡者	**「教學不力或不能勝任工作」情事認定參考基準**
(六) 無正當理由不遵守上下課時間且經勸導仍未改善。	一、不遵守上下課時間，經常遲到或早退者。
(七) 教學、訓輔行為失當，有損學生學習權益。	五、教學行為失當，明顯損害學生學習權益者。
第 5 條第 3 項違法處罰學生或不當管教學生，而受申誡以上之懲處者	**「教學不力或不能勝任工作」情事認定參考基準**
不得考列第四條條第一項第一款	五、教學行為失當，明顯損害學生學習權益者。

資料來源：研究者自行整理。

　　面對教學不力的不適任教師，在現今的教育環境中僅能靠現場學生來發聲，另期待由校長外部觀察或其他同儕教師們主動發現，給予教學不力教師適時之建議與改進的機會。因此，建議對於不適任教師之考績問題，應要落實考核制度獎懲標準，適時予以獎勵或懲處，讓教師的成績考核能真正核實考評，並對於教師教學給予客觀公正的評價，真正確保教師之教學品質，維護學生的受教權。所以，校長及行政人員平時應做好巡堂和教學觀察等工作，留下教師教學的所有相關紀錄、檔案，以備不時之需。

三 誰來開第一槍

　　「教學不力或不能勝任工作，有具體事實或違反聘約情節重大者」，依據《處理高級中等以下不適任教師應注意事項》（臺教授國字第 1060056432 號，2017 年 6 月 28 日，取自 https://edu.law.moe.gov.tw/LawContent.aspx?id=GL001142），可分為察覺期、輔導期、審議期等三

個期程。然鄉愿的校園文化常常無法有效進行不適任教師的處置，教育部積極回應社會各界對於違反法律、教學不力或不能勝任現職教師的強烈盼望，於 108 年修法針對不適任教師處理機制進行修正，期待專審會的成立能減輕校內教師們的壓力，營造優質正向的教育環境。

肆│不適任教師處理的改進建議

一 教學輔導教師，引領新手上路

多項有關教學輔導教師制度的研究（American Federation of Teachers, 1998; Commission on Teacher Credentialing, 1993; Feiman-Nemser, 1992; Standford et al., 1994）指出，教學輔導教師制度可以改善教師專業孤立情形、促進集體合作，教師因此得以獲得友伴關係與肯定、接觸各種教學模式、調整自我教學、及從事教學思考等。我國可善用歐美先進國家行之有年的「教學輔導教師」（mentor teachers）制度，藉由良師典範的現身說法或示範教學，讓新手教師獲得心理上的支持，並有觀察學習的機會，如此亦能增進新手教師的教學能力和技巧，可做為提升教師教學品質並預防不適任教師的第一道防護機制。在教學現場中，一些不適任教師的問題，在新進教師新手上路之時，即會陸陸續續發現新進教師人格特質、教學熱誠、班級經營或教學風格的一些困擾，倘若學校早期發現，早期處理，也可更有效保障學生的受教權。

二 強化行政管理機制，落實教師考核制度

行政方面應加強協調聯繫，平時即做好巡堂和教學觀察等工作，了解老師出缺勤狀況、班級環境整潔狀況、學生常規及秩序，巡堂時發現特殊優良事蹟，於集會時公開表揚外，並提報予於敘獎；如發現任課教師有重

大缺失，則發下會知單，分別知會有關處室及人員；當事人對巡堂人員所作記載認為不符實情，可於收到通知後三日內至教務處提出說明處理；若累計書面勸說、糾正不加改正，數次後即應列入學校成績考核，相關書面資料也可以成為必要時會議的佐證資料了。校長及行政人員若能及早發現問題，及時了解及時處理，也不致於讓教學問題擴大，鬧到滿城風雨。最後，教師的考核制度的落實也是有其必要性，學校行政應當將服務規准列入明確列入教師聘約，並且依約進行平時考核或是自我評量，並將考核結果通知教師，落實追蹤管制並改進結果，讓落實教師成績考核成為提升教師教學品質並預防不適任教師的第二道防護機制。

三 貫徹不適任教師處理流程，避免鄉愿推諉產生

教師的解聘、停聘與不續聘涉及教師的工作權，工作權屬於憲法中受益權保障之項目，為避免遭受不當侵害或誤用，因此我國《教師法》第 14 條明確規範除 11 種樣態外，不得為之。且縱使進入處理流程，也必須秉持程序正義歷經層層關卡，給予老師輔導及改進機會，等待事證明確又無法有效改善時，才能夠做出評議處置。在處理疑似不適任教師的案子時，各校務必依據教育部所訂不適任教師處理機制進行。一來可有效率的進行處置，二來日後若因不適任而解聘、停聘或不續聘某教師時，才不會因程序錯誤或短缺而致當事人申訴復職成功遭到敗訴。所幸教育部已於 109 年通過《教師法》修正草案，增訂教師專業審查會運作機制協助各校進行不適任教師的審查作業，增邀校外學者專家，使未兼行政或董事之教師人數少於委員總額二分之一，除避免各校教評會在處理不適任教師時講求人情第一的鄉愿現象外，更引入了外部委員的意見與看法避免姑息當事人，導致審議冗長與推諉的情事發生。貫徹不適任教師處理流程則成為提升教師教學品質並預防不適任教師的第三道防護機制。

四「共備、觀課、議課」，提供專業成長氛圍

　　教學不僅是一項專業的工作，更是一個不斷改進的歷程，並具有專門的知識內容和技巧，不論從能力本位（competence-based）、知識本位（knowledge-based）、省思實踐（reflective practice），或者標準本位（standard-based）之師資培育取向的理論觀點來看，教師都必須長期不斷進修成長，以維持其專業化的水準。因此，要讓教師願意學習或改進自身的教學，除了要有精神上的支持外，學校也應提供相關的資源。另外透過「共備、觀課、議課」將老師的教學回歸到學生的學習上，打開教室的大門，老師們共同討論學生學習的困難在哪裡？如何解決？適時診斷教師教學專業素養，提供專業成長的溫馨氛圍，並依教師個人不足的部份提供個人化之精進進修計畫，協助教師提升教師教學的專業知能，並在學習的組織文化中建立「雙圈回饋」，從過往經驗重新學習建立專業的新目標與價值，讓組織從基本上進行成長與改變。「共備、觀課、議課」成爲提升教師教學品質並預防不適任教師的第四道防護機制。

伍｜結語

　　不適任教師的處理，盤根錯節，非簡單三言兩語可以道盡，但若細想關鍵在於「不適任的定義」與「爲何不適任」，最後才是「不適任的處理」，討論不適任教師的關鍵在於這個老師不符合老師的「專業期待」，爲了讓老師變得專業，所以我們可以善用歐美先進國家行之有年的「教學輔導教師」（mentor teachers）制度，藉由良師典範的現身說法或示範教學，讓新手教師獲得心理上的支持，並有觀察學習的機會，成爲一位好的老師；學校的校長、行政人員平時即做好巡堂和教學觀察紀錄等工作，落實教師成績考核獎優懲劣；如不幸進入教學不適任教師的處理流程，學校

除落實程序正義外，當貫徹不適任教師處理流程避免鄉愿及推諉塞責的情事發生；最後唯有透過「共備、觀課、議課」，聚焦學生學習提升教師專業，才是提升教學品質與預防不適任教師的最佳保障。

公立高級中等以下學校教師成績考核辦法（2020 年 02 月 20 日）取自：https://law.moj.gov.tw/LawClass/LawHistory.aspx?pcode=h0150002

吳承儒、黃源河（2013）。小學不適任教師形成因素影響與處理困境：一所國小的訪談結果。**臺灣教育評論月刊，2**(12)，68-76。

李昀修（2019）。不適任教師處置的第一關。2019 年 5 月 30 日，取自：https://hefmag.dudaone.com/my-post859d09e6

施明發（2013）。不適任教師條款的立法演變。**臺灣教育評論月刊，2**(12)，18-21。

范靜媛（2013）。臺灣近年來不適任教師研究趨勢分析──以全國碩博士論文為例。**臺灣教育評論月刊，2**(12)，10-17。

張德銳（2009）。美國教學輔導教師制度及其在我國中小學教師專業成長之應用。**教育資料集刊，42**，181-202。

張德銳（2013）。中小學教學不適任教師處理之改革芻議。**臺灣教育評論月刊，2**(12)，103-108。

張德銳（2016）。預防勝於治療──談不適任教師的處理。**師友月刊，585**，30-35。

教師法（2019 年 6 月 05 日）。取自：https://law.moj.gov.tw/LawClass/LawAll.aspx?PCode=H0020040

處理高級中等以下學校不適任教師應行注意事項（2017 年 06 月 28 日）。取自：https://edu.law.moe.gov.tw/LawContent.aspx?id=GL001142

許雅惠（2004）。**臺北市國民小學教學輔導教師制度試辦狀況與實施成效之研究**。臺北市立師範學院國民教育研究所碩士論文，未出版，臺北市。

陳美玉（1999）。新任教師專業發展之探討。**中等教育，50**(3)，42-59。

陳國樑（2010）。**學校不適任教師之個案研究——以南投縣某國中為例**。國立彰化師範大學教育研究所碩士論文。

楊樹槿（2016）。處置不適任教師應更有積極作為。**師友月刊，593**，60-61。

甄曉蘭、陳佩英、胡茹萍、楊世瑞、陳清誥（2014）。中等學校教師類組專業標準及專業表現指標相關內涵暨配套措施計畫103年度結案報告（教育部委託專案研究計畫結案報告）。臺北市：國立臺灣師範大學。

趙曉美（2013）。疑似不適任教師處理機制之探討——以「教學不力」為焦點。**臺灣教育評論月刊，2**(12)，54-59。

趙蕙蘭（2007）。**臺北縣國民中小學不適任教師處理的實證分析**。銘傳大學公共事務學系碩士論文。

蔡玉對（2007）。**臺北市國小教師輔導教師制度與教育實習制度之比較研究**。臺北市立教育大學教育行政與評鑑研究所碩士論文，未出版，臺北市。

蔡鎮戎（2017）。從優良教師表揚談不適任教師。**師友月刊，605**，53-57。

Futemick, K. (2010). Incompetent teachers or dysfunctional systems? *Phi Delta Kappan*, *92*(2), 59-64.

第四篇
教育議題

第 15 章

生命教育

李宜麟

國立臺中教育大學校務中心博士後研究員

楊思偉

國立臺中教育大學名譽教授

壹 | 前言

　　我國生命教育的推動，始於前省教育廳於 1997 年推動的中等學校生命教育計畫，自 1999 年精省後，教育部承接原教育廳生命教育推動業務。另為宣示重視生命教育之推動，於 2001 年宣布該年為「生命教育年」，並函頒「教育部推動生命教育中程計畫」（2001-2004），規劃從小學到大學十六年一貫的生命教育實施，奠下我國推動生命教育之重要里程碑。此後，鑑於校園學生自我傷害事件頻傳，乃於 2007 年訂定「教育部推動校園學生憂鬱與自我傷害三級預防工作計畫」，作為 2007 至 2008 年推動生命教育之中程計畫重點工作。2010 至 2013 年之生命教育中程計畫除以「全人發展、全人關懷、全人教育」為主軸，再強調學校、家庭與社會的關聯，加強整合延續、發展特色與創新等目標方向（教育部生命教育全球資訊網，2014）。更於 2014 至 2017 年，強化學前到成人之終身發展階段生命教育的同時，加強關懷特殊與弱勢族群。可見，我國生命教育發展至今，超過 20 年，除教育階段別涵蓋完整，更在議題聚焦上，接軌國際展望未來。

貳 | 我國生命教育推動政策現況與運作機制

　　茲就我國推動生命教育政策現況和運作機制，說明如下：

一 2018 至 2022 年生命教育中程計畫

　　我國 2018 至 2022 年生命教育推動政策，在以指導方針「臺灣生命教育的回顧、深耕與前瞻為整體規劃」為基礎下，希冀達成下列目標（教育部，2018a）：

（一）政府機關方面：使生命教育理念融入相關政策，建立有效的生命教育推動機制，落實生命教育政策的推動。

（二）學校方面：整合學校發展願景、正式課程、非正式課程、潛在課程及行政資源，形塑以生命教育為核心價值之校園文化，期使每個學校都能建置獨特的生命教育發展特色。

（三）教師方面：完善生命教育師資培訓及專業成長機制之建構，逐年達成全體教師能具備生命教育素養，進而推廣各科融入生命教育的教學知能。

（四）學生方面：使學生能依其發展階段之身心靈發展特質，逐級探索生命之根本課題，並在生命實踐上知行合一、追求至善的真正幸福。

（五）社會方面：整合民間社會各界資源，從家庭與社會各層面推展生命教育，使學生家長與社會各界均能具備生命教育基本理念，進而協力同行推動生命教育。

（六）研究發展方面：整合學術單位以科際整合及創新作法，強化生命教育之知識系統建構，深入學術研討與研發教材教案，以厚實生命教育理論基礎並有效推廣於學校、家庭與社會之中。

（七）國際交流方面：逐步發展生命教育國際化的機制與策略，促進我國生命教育推動的國際視野，以加深加廣推動面向；進而藉由國際化的交流與互動，將我國具特色化的生命教育成果向國際輸出與分享。

為落實上述目標，規劃「執行方法」可從「政策發展與推動、課程教學與師資培育、研究發展與國際接軌」等三大層面，簡述如下（教育部，2018a）：

（一）政策發展與推動：包含建置生命教育推動政策及相關歷史脈絡檔案，和加強推動生命教育行政支持網絡與行政運作。

（二）課程教學與師資培育：落實十二年國民基本教育課程綱要生命教育之推動、提升大專校院開設生命教育相關學程普及性、評選及盤整各

教育階段優秀課程教案或媒材教學資源，並辦理觀摩或研習活動、深耕生命教育校園文化、鼓勵辦理多元生命教育活動、辦理青年生命教育活動、辦理教師職前生命教育培訓、辦理教師在職進修、開設成人教育階段生命教育正式課程並結合民間團體辦理相關活動，和研發教材及教案計畫等。

（三）研究發展與國際接軌：辦理或補助生命教育研討會，和生命教育資料蒐集及研究。

■二 我國生命教育推動政策運作機制

目前我國教育部 110 年生命教育推動之行政網絡，以教育部為主，下設生命教育中心（南華大學）和生命教育研發育成中心（國立臺灣大學），各自分別推動跨教育階段別的校園文化深耕與推廣，和師資培育及課程研發，同時再由國教署設立生命教育學科中心暨生命教育專業發展中心（羅東高中），及各直轄市政府教育局及縣市政府下設生命教育中心學校。其中，生命教育學科中心暨生命教育專業發展中心負責高級中等以下學校的師資培育及課程研發，現行生命教育相關行政網絡圖如圖 1 所示。

參｜十二年國民基本教育課程綱要之生命教育內涵

首先，十二年國民基本教育課程綱要有關生命教育，在各級教育階段有不同的正式課程。其中，高級中等學校以下學校，在國民小學階段是在「綜合活動」領域內實施生命教育相關課程，每週 2 節；國民中學階段也是在「綜合活動」領域內實施生命教育相關課程，但學習節數卻是每週 3 節；高中教育階段因分為普通高中和技術型高級中等學校，所以開設課程有所差異，技術型高級中等學校雖和國民小學和國民中學一樣，在「綜合活動」領域內實施生命教育相關課程，但因為綜合活動領域的範疇（生命

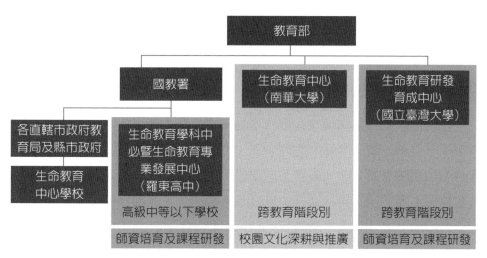

圖 1　110 年生命教育推動行政網絡
資料來源：研究者自行繪製。

教育、生涯規劃、家政、法律與生活、環境科學概論）相較國民小學和國民中學更廣，所以每學期有 4 學分（4 節）；反之，普通高中是唯一設有生命教育正式課程，且為必修 1 學分的教育階段，必修學分修畢後，更有生命教育加深加廣的選修課程 2 學分（如表 1）。

⟳ 表 1　各級教育生命教育正式課程名稱

教育階段	領域／科目名稱	學習節數／學分數
國民小學	綜合活動	2 節
國民中學	綜合活動（家政、童軍、輔導活動）	3 節
普通高中	生命教育必修	1 學分
	思考：智慧的啟航	2 學分
技術型高級中等學校	綜合活動（生命教育、生涯規劃、家政、法律與生活、環境科學概論）必修	4 學分

資料來源：教育部（2018b）。**國民中小學暨普通型高級中等學校——綜合活動領域課程綱要**。臺北市：教育部。

其次，就各教育階段所實施的生命教育課程的基本理念、課程目標和生命教育內涵，說明如下：

一、國民中小學的綜合活動領域

綜合活動領域基本理念在秉持十二年國民基本教育課程綱要總綱「自發」、「互動」及「共好」的理念下，發展出領域基本理念有：「擴展價值探索與體驗思辨」、「涵養美感創新與生活實踐」、「促進文化理解與社會關懷」等三項，再依據該領域之基本理念，下設課程目標「促進自我與生涯發展」、「實踐生活經營與創新」和「落實社會與環境關懷」等三項。以課程目標作為主題軸，主題項目計有 12 項，如表 2 所示。

⇗ 表 2　綜合活動領域 —— 主題軸和主題項目

主題軸	1. 自我與生涯發展	2. 生活經營與創新	3. 社會與環境關懷
主題項目	a. 自我探索與成長	a. 人際互動與經營	a. 危機辨識與處理
	b. 自主學習與管理	b. 團體合作與領導	b. 社會關懷與服務
	c. 生涯規劃與發展	c. 資源運用與開發	c. 文化理解與尊重
	d. 尊重與珍惜生命	d. 生活美感與創新	d. 環境保育與永續

資料來源：教育部（2018b）。**國民中小學暨普通型高級中等學校 —— 綜合活動領域課程綱要**。臺北市：教育部。

二、普通型高級中等學校的生命教育學科和技術型高級中等學校的綜合活動領域生命教育學科內涵

普通型高級中等學校的生命教育學科和技術型高級中等學校的綜合活動領域生命教育學科內涵，學習類別皆有：哲學思考、人學探索、終極關懷、價值思辨和靈性修養等五項，在各學習類別下設學習項目，計有 10 項，分別為：思考素養、後設思考、人的特質與人性觀、人的主體性與自我觀、哲學與生命意義、生死關懷與實踐、終極信念與宗教、道德哲學的

素養及其應用、生活美學的省思、靈性自覺與修養、人格統整與靈性修養等，如表 3 所示。

表 3　普通型高級中等學校生命教育科

學習類別	學習項目
哲學思考	a. 思考素養
	b. 後設思考
人學探索	a. 人的特質與人性觀
	b. 人的主體性與自我觀
終極關懷	a. 哲學與生命意義、生死關懷與實踐
	b. 終極信念與宗教
價值思辨	a. 道德哲學的素養及其應用
	b. 生活美學的省思
靈性修養	a. 靈性自覺與修養
	b. 人格統整與靈性修養

資料來源：教育部（2018b）。**國民中小學暨普通型高級中等學校──綜合活動領域課程綱要**。臺北市：教育部。

三 各學科融入生命教育議題

　　我國教育部除在十二年國民基本教育課程綱要中，開設正式課程，實施生命教育，另也在各學科推動融入生命教育議題，其生命教育議題學習目標有：培養探索生命根本課題的知能、提升價值思辨的能力與情意、增進知行合一的修養等三項；而學習主題與實質內涵則有：哲學思考、人學探索、終極關懷、價值思辨、靈性修養等五項，其相關內容如表 4 所示。

☞表4　生命教育議題融入各學科之內涵

	國民小學	國民中學	高級中等學校
哲學思考	探討生活議題，培養思考的適當情意與態度。	思考生活、學校與社區的公共議題，培養與他人理性溝通的素養。	思辨生活、學校、社區、社會與國際各項議題，培養客觀分析及同理傾聽的素養。
人學探索	■理解人的身體與心理面向。 ■理解人是會思考、有情緒、能進行自主決定的個體	探討完整的人的各個面向，包括身體與心理、理性與感性、自由與命定、境遇與嚮往，理解人的主體能動性，培養適切的自我觀。	看重人皆具有的主體尊嚴與內在價值，覺察自我與他人在自我認同上的可能差異，尊重每一個人的獨特性。
終極關懷	■觀察日常生活中觀察日常生活中老病死的現象，思考生命的價值。 ■探索快樂與幸福的快樂與幸福的異同。	■反思生老病死與人生無常的現象，探索人生的目的、價值與意義。 ■分析快樂、幸福與生命意義生命意義之間的關之間的關係。	■發展人生哲學、死學的基本素養，探索宗教與終極關懷的關係，深化個人的終極信念。 ■思考人類福祉、生命意義、幸福、道德與至善的整體脈絡。
價值思辨	從日常生活中培養道德感以及美感，練習做出道德判斷以及審美判斷，分辨事實和價值的不同。	覺察生活中的各種迷思，在生活作息、健康促進、飲食運動、休閒娛樂、人我關係等課題上進行價值思辨，尋求解決之道。	覺察生活與公共事務中的各種迷思，在有關道德、美感、健康、社會、經濟、政治與國際等領域具爭議性的議題上進行價值思辨，尋求解決之道。

	國民小學	國民中學	高級中等學校
靈性修養	發展設身處地、感同身受的同理心及主動去愛的能力,察覺自己從他者接受的各種幫助,培養感恩之心。	■察覺知性與感性的衝突,尋求知、情、意、行,統整之途徑。 ■面對並超越人生的各種挫折與苦難,探討促進全人健康與幸福的方法。	■覺察人之有限與無限,體會人自我超越、追求真理、愛與被愛的靈性本質。 ■培養在日常生活中提升靈性的各種途徑,如熱愛真理、擇善固執、超越小我、服務利他。

資料來源:教育部(2018c)。**十二年國教議題融入說明手冊**。臺北市:教育部。

肆│問題與趨勢

經由上述說明,茲就分析問題與趨勢各兩點,說明如下:

一 問題

(一)生命教育推動政策運作機制「橫向聯繫」有待強化

如圖 1 所示,可見生命教育政策運作機制,目前是由國教署、生命教育中心和生命教育研發育成中心各司其職。然國教署下設的生命教育學科中心暨生命教育發展中心(羅東高中),雖負責高級中等學校以下的生命教育師資培育及課程研發,卻未見與主責跨教育階段別師資培育及課程研發的生命教育研發中心,進行橫向聯繫。

(二)十二年國民基本教育課程綱要中的生命教育課程有待落實

如前所述,十二年國民基本教育課綱中,有關生命教育正式課程方

面，僅在普通型高中設有正式課程必修 1 學分，其餘各教育階段別皆規劃於「綜合活動」課程內教授，或在各科採議題融入教學，以致對於學校在綜合活動領域內，有關生命教育的課程落實程度或授課教師之專業，難以探究。

二、趨勢

（一）生命教育是未來不可預測環境的錨定

面對不可預測的環境，例如：快速氣候變遷所帶來的災難、高壓的工作環境、快速的生活步調等危機時，生命教育可提供人類重新檢視個體身心靈的路徑。從出生到死亡，人與自己、人與他人、人與社會、人與自然，甚至人與宇宙的關係如何維繫與改善，都在在需要生命教育的專業認知、態度與素養等，方才能擇善而從。

（二）各級學校中的生命教育課程需整合架接，以落實深耕和推廣校園文化

生命教育課程，可包含正式課程、非正式課程和潛在課程（境教和文化）。學校生命教育課程的推動與落實，需要架接上述三者課程，以形塑學校內生命教育的系統性課程，進而，建構學校自己專屬的生命教育核心價值，落實深耕和推廣校園文化。

（三）師資培育及課程研發需橫向整合

學校推動和落實生命教育，需要專業的師資和教材，特別是課程研發和教材編製，在各教育階段別需具有一致性，是以生命教育學科中心暨生命教育發展中心（羅東高中）和生命教育研發育成中心的合作勢在必行，才能讓生命教育的相關教材編製，有階段性的加深加廣。同理，師資方面，也才能由上而下，或由下而上的兼具專業性和實務性。

教育部（2018a）。**教育部生命教育中程計畫（期程：107 年 8 月 1 日至 111 年 7 月 31 日）**。臺北：教育部。

教育部（2018b）。**國民中小學暨普通型高級中等學校 —— 綜合活動領域課程綱要**。臺北市：教育部。

教育部（2018c）。**十二年國教議題融入說明手冊**。臺北市：教育部。

教育部生命教育全球資訊網（2014）。**緣起**。取自 https://life.edu.tw/zhTW2/node/449

第 16 章

新住民教育

葉川榮

國立臺中教育大學教師專業碩士學位學程助理教授

壹│前言

「新住民」泛指境外來臺定居且獲承認者，主要以非經濟性之移入人口（係指非以應聘、受顧、投資而申請至我國居留或定居者，例如婚姻、依親、就學、難民或對我國有特殊貢獻者等）為主，其中以結婚因素移入者為多數（內政部，2013）。根據內政部統計，新住民人數已由 2014 年 6 月底 49.3 萬人快速成長，至 2020 年 9 月底，人數已達 56.2 萬人（內政部移民署，2020），逐漸逼近原住民族總人口數 575,555 人（內政部戶政司，2020）。新住民人口中以中國大陸及港澳地區配偶占 6 成 6 最多，其他外國籍配偶則占 3 成 4。而 2018 年生父或生母為新住民之出生嬰兒數為 1.38 萬人，約占當年總出生數之 7.62%，雖然新住民子女人數呈現下降趨勢，但仍為整體國民素質及競爭力的重要環節（教育部，2018）。在臺灣逐漸面臨少子女化的現代，新住民子女的教育逐漸成為臺灣教育中重要的組成要素。

根據教育部（2018）的統計資料顯示，107 學年新住民子女就讀國中小之學生數逾 16.6 萬人，較 106 學年相較減少 8.08%；近 10 年來國中、小學生總數自 262.9 萬人降為 178.3 萬人，新住民子女學生數卻自 13 萬人成長至 16.7 萬人；107 學年新住民子女就讀國中小之學校，計有 3,461 所（含附設國小部、國中部），約占全體國中、小學校之 95.82%，可見分布極廣；國中小之新住民子女父母來自中國大陸者為最多，其次為越南與印尼；107 學年全國 368 個鄉鎮市區中，僅剩屏東縣春日鄉、霧臺鄉及高雄市那瑪夏區、茂林區等 4 個山地鄉，以及金門縣的烏坵鄉尚未有國小新住民子女學生。以上資料顯現新住民子女人口之分布及成長狀況，更凸顯新住民在短時間內欲適應本地生活，並肩負生育或經濟重任，在親職參與上或許有其待調適之處（內政部，2013）。然而，新住民子女大多來自自願性移民（voluntary immigration），所謂自願性移民是表示移民者帶有強烈動機希望前往他國尋求更良好的生活與工作品質，在性格上與心

態上比其他非自願性移民（forced migration）更具向上流動的強烈企圖心（Marger, 1997）。因此，面對新住民及其子女的教育方式應更貼近文化的核心，無論是從其母國的文化理解或是協助其融入臺灣當地的文化與生活，都會是從事教育工作者應該更用心著墨、學習的重要互動策略。

貳｜政策現況與相關研究

本文所指之新住民教育為新住民人口教育與新住民子女教育，前者屬於內政部所關注之範疇，後者屬於教育部所關注之範疇，兩者著實是相輔相成，攸關臺灣教育品質至鉅的一項重大議題，亦是臺灣成為一多元文化教育大國之重要指標。基於對新住民族群的文化與教育權之保障，教育部每年均核定「外籍及大陸配偶子女教育輔導計畫」經費，補助辦理有關課程及研討會，範圍涵蓋親職教育活動多元文化週或國際日活動、教育研討會、教師多元文化研習活動等（教育部，2013）。除此之外，教育部亦曾製作東南亞五國生活教學影片，供各教育局處相關單位推廣運用，並廣開新住民語言識字班，且輔導新住民就讀國中小補校，且於 2011 年補助 21 縣市成立 27 所新住民學習中心。然而政府之經費投入並不必然代表新住民教育成效之提升，故持續對新住民族群之文化適應與教育議題進行研究與關注，才是目前亟需完成的重要任務。

現今臺灣對於新住民族群的研究多隸屬於多元文化教育學門範疇之下，亦多牽涉婚姻、性別、社會福利等議題，學術文章的產出在近 20 年來有相當大幅度的成長。本部分針對國內幾篇關於新住民教育議題有深入分析的文章作介紹，雖不能全面反應新住民議題於我國發展的全貌與完整現況，但因新住民（外籍配偶）族群能反映出許多社會適應、教育適應與文化適應上等多重面向，故仍有相當導引性意涵可供參考，茲介紹如下：

篇名	摘要
顏佩如（2013）。「新住民子女教育之師資培育教材研發方案」之個案評述。臺灣教育評論月刊，2(1)，93-99。	本文實際透過新住民子女教育之教材研發過程，分享設計的理念與策略，並針對研發出來的教材進行評論。教材研發融入「全球教育」、「多元文化教育」、「世界-邊陲理論」、「本土教育」等諸多觀點，發展適合師資培育大學師資生使用的教學與教材，結合教育部相關理念與訴求所研發，亦是作者近年來從事新住民子女教材研發之綜論型文章，可透過其參考書目進行延伸閱讀。
吳瓊洳（2011）。促進東南亞新住民族群態度之多元文化師資培育課程發展。臺北市立教育大學學報，42(2)，157-188。	本文以多元文化教育的角度審視國內各大學所開設之課程是否能有效促進對東南亞新住民族群態度之具體設計。該文討論了東南亞移民在臺灣的現況，以及國內多元文化教育課程中是否能適時反應這般現況與態度在現行的課程設計中。研究發現東南亞移民已成為國內主要新住民族群來源，卻在大專院校的多元文化教育課程設計中較少著墨或是開設課程數目較少。此項發現，或可提供相關課程設計者於日後規劃課程時參考。
白秀雄、方孝鼎（2010）。外籍配偶家庭問題與政策研究報告。臺北：國際社會福利協會中華民國總會。	本篇文章討論跨國婚姻之相關議題，其中論及跨國婚姻與子女教育成就問題，主要發現是父母親之教育程度影響子女學業成就不如父母的社經地位背景來得顯著；母親的國籍對子女教育成就並無顯著影響，但存在著差異，普遍來說臺灣籍父母的子女學業成就略高於大陸籍與東南亞籍。
陳玉娟（2009）。新住民子女教育方案執行及其影響因素之研究。朝陽人文社會學刊，7(2)，89-118。	本研究探討我國新住民子女教育方案執行之現況，發現在我國現行的新住民子女國民教育方案中，雖然可供執行的方案甚多，但經常落實者只有課業輔導、生活常規訓練及身心障礙調適等三項，其餘方案執行仍不普遍；主要原因則來自方案執行人員不足、方案執行時間不足、方案監督評估機制不完整等因素。
丘愛鈴、何青蓉（2008）。新住民教育機構推動新住民教育現況、特色與困境之調查研究。臺東大學教育學報，19(2)，61-94。	本篇文章研究國內新住民教育機構為推動新住民教育，大多集中在舉辦識字教育、生活適應教育與家庭教育方面；而在相關諮詢輔導、刊物出版或專屬之教材、課程研發方面則有待努力。文中亦介紹臺灣、美國、澳洲、新加坡、日本、韓國之移民教育政策背景與理念，值得分析時之參考。

這幾篇研究涵蓋範圍包含了新住民教育的多種面向，亦考量了政策面、課程面、社會面的關注，並顯示了新住民教育的研究在我國已經進入了議題全面且篇數豐富的新境界。

參｜法規實施議題及挑戰

新住民教育近年來在教育論述的領域中逐漸占有一席之地，亦在國內多元文化教育推動上與原住民族教育、本土教育等議題分庭抗禮。新住民族群是一個人口社會學上一項值得探討的對象，它結合著社會階級、種族、文化、性別與教育等諸多變項的交織結果，結合著政府在內政管理和教育成長上的期許，在理念上與實施上都會面臨許多爭議與迷思，茲分述如下。

■ 一 新住民教育就是融入臺灣的同化教育？

新住民族群基於諸多原因移居臺灣，但大多基於經濟因素移居而非文化因素，故在以經濟為前提的考量之下，文化融入的議題將會是新住民族群一項重大的適應項目。以移入國的立場來看，希望移入本國的所有人民在入籍臺灣之後能夠以臺灣為生根之地，故此積極輔導（或導引）新住民融入本國文化與生活環境，以期減低社會適應之問題。但從新住民族群的角度來看，第一代的新住民有其文化適應與文化認同的困難，這當然包含語言的適應與當地文化，甚至是夫家或娘家的生活文化的適應。他們對母國文化的依存仍然存在於血液之中，在身分證的國籍轉變之後於心理層面上仍然有跟臺灣文化適應上的隔閡亟需克服。在第二代的部分，新住民子女面對來自兩種不同國度的雙親，雖一出生即為中華民國國民，但對於另外一個國籍的文化亦有其文化傳承上的好奇或影響，此對於新住民子女的教育上，也是不容忽視的一環。一些特殊的例子更出現在臺灣與中國政

治立場對立的矛盾之上，例如教科書與軍事教育中的假想敵與新聞與媒體上的對立體常以中國為對象，然而許多中國籍新住民的子女因此受限於這樣的氛圍下接受教育，或者在進入軍中服兵役的時候，亦出現未來將以中國籍雙親母國文化為敵的特殊情境，這都將限制某些新住民子女教育與生活、文化適應上的進行，亦造成當前課程設計、教材研發上的一大盲點，值得注意。

對於這個議題，研究者的看法如下：新住民族群進入臺灣便是將母國文化的精彩因子匯入臺灣多元文化的社會調色盤中，帶來的會是茁壯臺灣社會現代面貌的一項彩妝。而融入的教育基於國家意識凝聚的需求，在世界上各個國家的基本立場上都是一致的，就是協助輔導新住民族群迅速適應本地生活、了解本地文化，並進而替本地文化之發展貢獻其心力。融合的教育並不必然會與保持母國文化產生衝突，反而是抱持互動良好的心理調適態度，將有助於新住民族群的文化適應，並在站穩腳步之後又能在移入國家中發揚自己母國的文化，增進臺灣人民對於新住民族群文化的理解與欣賞。

■ 新住民子女教育程度主要是受母親教育程度影響？

新住民族群移入臺灣之因素目前仍然是以「婚姻」因素居多，其中更以「外籍新娘」族群占大多數，因此許多民間與學術論述氛圍傾向於將新住民子女的教育成就歸因於「母親」的個人因素，然而這樣的歸因值得我們更深入探討。

首先，根據研究指出娶外籍新娘的男性教育程度較低與迎娶外籍新娘的比例有正相關，且大多在空間分布上集中在平地農村地區（紀玉臨、周孟嫻、謝雨生，2009）。因此，新住民子女的學業成就若出現低落或低於平均值的現象，其根本原因仍有待討論。

再者，在許多研究中父母的學歷已經不是影響子女學業成就的重要影響因子，反而家庭在文化資本、社會資本與象徵資本上的投資程度才是重

要的關鍵。社會結構上的流動策略若能健全發展，例如針對新住民族群來說，國家是否能夠提供良好的福利措施、教育措施、生活適應措施輔導其迅速掌握臺灣社會運作的脈絡，再加上新住民族群個人對文化適應的良好程度、求成動機或心理特質的掌握，才是決定新住民子女教育與學業表現的重要因素。

☰ 新住民代表的是商品化的婚姻？

對於這樣的一個問題，我們可以先問問屬於臺灣本地的婚姻制度是不是一個商品化的婚姻？之所以新住民族群來臺灣的動機會被認為與「商品化的婚姻」連結，其背後是有其臺灣社會結構與脈絡原因的。臺灣部分地區男性基於諸多因素，希望透過仲介外籍新娘的方式娶得妻子，這無疑是一種婚姻的策略，其中當然也可能牽涉到高金額的金錢往來才得以達成婚姻。然而此現象，在臺灣的婚嫁文化之中也可能出現，同樣需牽涉到許多金錢的往來才能辦好一場婚事，這其中包含禮金的往來、婚後經濟上是否夫妻能夠截長補短、相互支援、是否能夠有足夠的薪水收入供給下一代成長或教育所需……凡此種種皆是與生涯發展切割不掉的「金錢考量」。既然臺灣本地亦是如此，將這樣的「論述意識」強加在外籍新娘或新住民族群的身上就是一種污名化的過程。

研究者想要指出的，人類的婚姻制度起源於早期原始部落「結盟」、「利益交換」的生存策略，在人類逐漸踏入貨幣制度生活之後，社會地位與經濟能力的考量早已成為人類婚配時的重要考量，不需要隱晦。而新住民族群的移入臺灣，對臺灣社會之發展來說是一大正面助力，現代臺灣年輕夫妻的生育意願低落、對生活與工作態度的轉變，這些社會即將共同面臨的重要困境，都必須由這一代的國民來共同思考因應方式，這一個部分所幸有新住民族群的加入，能夠將社會發展帶往一個更樂觀的未來。

肆 | 新住民教育實施之問題與未來趨勢

　　新住民子女在我國現代教育體制內，已經慢慢形成一股重要的學習力量並在教育議題的現場中占有重要之地位。而新住民教育在實施的面向上有幾點值得我們持續關注與思考的議題，茲呈現如下。

一 新住民教育僅能在課後時間實施？

　　目前實施的新住民教育大多在課後的時間實施，或者結合在內政部或各縣市政府教育局處、家庭教育機構之研習之中，較少出現在正式的課程設計之中。然而，新住民子女已經逐漸成爲臺灣各地學校教育中一個重要的族群對象，假使相關議題持續無法在正式課程中被認知，將會造成臺灣在多元文化教育中一個不可忽視的缺失。

　　這個議題具體的作法可以多增加教師對新住民族群文化與學校學生來源地的社區族群組成之了解，且不應僅針對新住民族群進行相關教育，在職教師、代理代課教師與教育行政人員都應該具備某種程度之上的了解。如此一來，教師在課堂上更能以文化回應的敏感度，關注到新住民子女的教育需求、生活需求與心理需求，讓每一位新住民族群子女都能獲得更完善、溫暖的學習環境。

二 新住民教育就是弱者的教育？

　　從語意學的觀點來看，「新住民」僅是一個社會現象的專屬名詞，針對「新住民」所進行的「新住民教育」並不係指一種弱者之教育，而只是一種有專屬對象、具針對性的教育而已，性質上亦等同於「資優教育」、「性別教育」或「原住民族教育」，並沒有存在「弱者教育」的意涵。然而早期的學術研究多從「問題導向」來看新住民教育，這種論述取向亦類似於早期對原住民族教育所進行的研究，也就是多數都以負面觀點切入，欲了解新住民子女教育成就「低落」的原因並思索解決之道。長期下來這

樣的研究趨勢將會呈現「新住民子女爲弱者、需要被特別照顧」的論述氛圍。

　　新住民或新住民子女需要在文化、生活與學習等層面上適應，亦需要在認同的議題上比主流族群多花費一番心力，這也是新住民教育或新住民子女教育必須更加重視、更細膩處理的主要原因之一。因此，有針對性的教育不一定就是弱者的教育，這是首先必須加以破除的迷思；再者，每個族群在教育表現上皆有優劣，弱者／強者永遠不會是某個族群的專有名詞，這是我們必須清楚明白的觀點；最後，教育的目的本來即在於讓受教育者在未來過著更好的生活、具備有更佳的生活適應技能，在這樣的觀點上，每個個體都是被預設爲要從弱勢者走向更公平、更優勢的未來，這也是不分族群、不分對象的努力方向。

三　新住民教育背後所代表的是一個更進步且族群友善的國家

　　本章簡述了新住民教育在臺灣的重要發展、實施策略與相關的議題探討和迷思，也試圖理解新住民族群作爲臺灣多元文化重要組成，並且於教育圖像中增加教育力量光環的重要性。然而，新住民族群僅是一個移民現象的專屬名詞，他不必然代表所有生活表現與文化表現的共同體，新住民的族群中是處處充滿文化差異之美的，我們無法僅藉由研究報告就足以了解其族群，也無法透過一些嘉年華式的活動與課程就滿足他們的心理、社會、生活與文化需求。

　　牽涉到文化的教育總是難以盡如人意，但是新住民族群作爲臺灣社會中最重要的「自願性移民」，他們本身就帶有極高度的求成動機與文化適應能力，相信這樣的力量再輔以政府決策單位的教育關懷與經費投入，並落實在教育現場中每一位師生，新住民教育的生命力將可替臺灣教育的未來帶來更大的曙光。

內政部（2013）。**人口政策白皮書——少子女化、高齡化及移民**。臺北市：內政部。

內政部移民署（2020）。**各縣市外裔、外籍配偶人數按國籍分與大陸（含港澳）配偶人數**。2020 年 11 月 16 日擷取自 https://www.immigration.gov.tw/5382/5385/7344/7350/8887/?alias=settledown。

內政部戶政司（2020）。**原住民人口數按性別、身分及年齡分（總計）**。2020 年 11 月 16 日擷取自 https://www.ris.gov.tw/app/portal/346

丘愛鈴、何青蓉（2008）。新住民教育機構推動新住民教育現況、特色與困境之調查研究。**臺東大學教育學報，19**(2)，61-94。

白秀雄、方孝鼎（2010）。**外籍配偶家庭問題與政策研究報告**。臺北：國際社會福利協會中華民國總會。

吳瓊洳（2011）。促進東南亞新住民族群態度之多元文化師資培育課程發展。**臺北市立教育大學學報，42**(2)，157-188。

紀玉臨、周孟嫻、謝雨生（2009）。臺灣外籍新娘之空間分析。**人口學刊，38**，67-113。

教育部（2018）。**新住民子女就讀國中小人數分布概況統計（107 學年度）**。臺北市：教育部。

陳玉娟（2009）。新住民子女教育方案執行及其影響因素之研究。**朝陽人文社會學刊，7**(2)，89-118。

顏佩如（2013）。「新住民子女教育之師資培育教材研發方案」之個案評述。**臺灣教育評論月刊，2**(1)，93-99。

Marger, M. N. (1997). *Race and ethnic relations*. Belmont, CA.: Wadsworth, Inc.

第 17 章

品德教育

王建堯

臺南市北門區蚵寮國小校長

國立臺南大學師資培育中心兼任助理教授

壹｜前言

　　2020 年新冠肺炎（COVID-19）病毒襲擊人類，疫情蔓延，造成全球恐慌。我國落實衛教宣導與執行「自主管理」、「居家檢疫」、「居家隔離」等管制方式，得以控制疫情。但新聞報導依規定「居家檢疫」與「居家隔離」者，14 天不得外出，卻有些人依舊到處趴趴走，形成防疫漏洞，造成傳染疑慮恐慌。這些行為除了違法外，更顯示品德價值的淪喪。特別是當代生活於數位塵囂，獨尊數位的青少年，受特定意識型態的新聞媒體、懶人包和「資訊義肢」等數位訊息灌輸下，失去思考力與判斷力，造成價值混淆、品德失調、偏差行為、家庭失能、社會解組等負面影響。價值紛陳，道德標準不一，社會面臨著道德迷失的困境，道德教育需要有新的思維、新的典範，尋求新的可能性（歐用生，2006：342）。

　　我國傳統上的品德教育（character education）是設科教學，名稱由「公民訓練」改為「公民與道德」，再改為「生活與倫理」，1993 年將「生活與倫理」和「健康教育」二科合併設置「道德與健康」，至 1998 年頒布《國民中小學九年一貫課程綱要總綱》，確立品德教育不再單獨設科，將「道德規範」融入社會學習領域教學，因此被稱為「缺德」的教育。2014 年頒布的《十二年國民基本教育課程綱要》延續九年一貫課程政策，不單獨設科，將「品德」列為 19 項議題之一，以及核心素養面向「社會參與」的「道德實踐與公民意識」項目，強調課程設計應適切融入，必要時由學校於校訂課程中進行規劃。

　　為推動品德教育，建立友善校園與公民社會，教育部於 2004 年首度推行以五年為一期的「品德教育促進方案」，期許補融入相關領域教學之不足，和達到深耕品德，價值重整的目的。並於 2009 年提出包含「品德」、「藝術」、「閱讀」及「環境」四項主軸計畫的「臺灣有品運動」，冀能奠基於家庭、啟動於學校、實踐於社會，以達到為人有品德、做事有品質及生活有品味，建立三品（品德、品質、品味）兼具的現代公民社

會。但李琪明（2007：16）認為「品德教育促進方案」的公布僅是一個政策宣示，以及我國品德教育轉化的起點，其中對於品德校園相關理念與實施原則雖略有揭示，但如何具體落實卻無法詳述，所以該方案是否達到預期成效，需要分析探討，以作為該方案政策落實與改進的參考。

貳｜品德教育的意涵與法令依據

一、品德教育的意涵

所謂品德教育，係指人品與德性的教育，亦即學校和教師運用適切教育內容與方法，建立學生良好道德行為，生活習慣與反省能力，以培養學生成為有教養的公民（吳清山、林天祐，2005：150）。其內涵則為「公私領域中的道德認知、情感、意志與行為等多重面向，亦可謂一種引導學習者朝向知善、樂善與行善的歷程與結果」（教育部，2019）。

李琪明（2004：9）也提出品德教育具有四項重要意涵：

（一）品德教育是兼顧知善、樂善、行善等多面向教育歷程與結果，並非僅限於知易行難。

（二）品德教育係引領學生由他律至自律之全人教育，而非僅限於生活常規。

（三）品德教育含括了個人修養（個人道德）、人際關係（偶性道德）、公民資質（公共道德）以及過程價值（溝通、論辯等能力）之多面向教育、並非侷限於個人私德。

（四）品德教育乃對有關善之核心價值、原則及其脈絡，不斷反省與批判之教育動態歷程，絕非單指文化傳統之復興，而在於文化精髓融合現代精神之創新轉化。

綜上所述，品德教育是培養學生含括私德與公德、他律與自律，具有

反省、澄清、問題解決與批判能力的知善、親善、愛善、樂善與行善的教育歷程與結果（如圖1所示），讓學生擁有國家與世界的公民素養。

圖1　（作者自行繪製）

二、方案的法令依據

我國以《憲法》為最高法律位階，《憲法》第158條規定：「教育文化，應發展國民之民族精神、自治精神、國民道德、健全體格、科學及生活智能。」以及依據《憲法》制定的《國民教育法》第1條揭示：「國民教育依中華民國憲法第一百五十八條之規定，以養成德、智、體、群、美五育均衡發展之健全國民為宗旨。」明確指出，「德育」為五育及培養全人發展之首，係為全體國民必備的知識、技能、與態度，是人類生存、生計、生活、相遇與對話中不可或缺的要素，所以品德教育在各級學校教育是不可或缺的一環。

教育部（2019）的「品德教育促進方案」係由學生事務及特殊教育司推動執行，該方案是依據《教育基本法》制定：

　　（方案）係根據「教育基本法」第二條：「教育之目的，以培養人民健全人格、民主素養、法治觀念、人文涵養、愛國教育、鄉土情懷、資訊知能、強健體魄及思考、判斷與創造能力，並促進其對基本人權之尊重、生態環境之保護及對不同國家、族群、性別、

宗教、文化之了解與關懷，使其成為具有國家意識與國際視野之現代化國民。為實現前項教育目的，國家、教育機構、教師、父母應負協助之責任。」

換言之，《教育基本法》第 2 條除了提供「品德教育促進方案」的法令依據外，目的是藉由國家、學校人員以及家長的力量協助品德教育的推行，實現培養關懷、寬恕、負責盡職、孝親尊長的健全人格；守法、公平正義的法治觀念；尊重生命、關懷愛護環境的生態保護等皆屬於品德教育的範疇，意欲培養學生知善、樂善、行善，具備有品德、富教養、重感恩、懂法治、知廉潔、尊人權的公民素養（如圖 2 所示）。

參 ┃ 品德教育核心價值

Lickno（2003）認為品德教育課程目的在於建構「核心價值」（core value）。所謂「品德核心價值」係指人們面對自我或他人言行，基於知善、樂善及行善之道德原則，加以判斷、感受或行動之內在根源與重要依據，其不僅可彰顯個人道德品質，並可進一步形塑社群道德文化：諸如尊重生命、孝悌仁愛、誠實信用、自律負責、謙遜包容、欣賞感恩、行善關懷、公平正義、廉潔自持等（教育部，2019）。「品德教育促進方案」雖強調品德融入校園生活的整體系統概念，由於沒有品德或道德科目，10 年來的品德教育都是較為零散且隨機（劉秀嫚、李琪明、陳延興、方志華，2015：103）。本方案乃著重「品德核心價值」與「行為準則」之深耕及推廣（教育部，2019），因此提出品德核心價值取代過去的中心德目。由各地方政府與各校透過民主討論訂定（如表 1），期許學生從「做中學，學中思」習得知善、親善、愛善、樂善與行善的知識、技能、態度與行動。

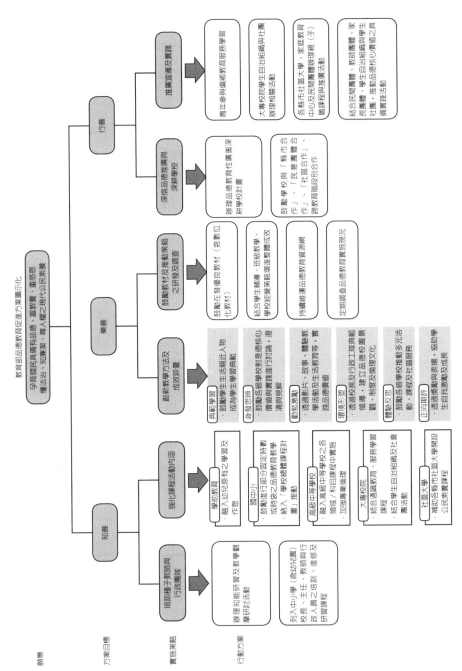

願景

方案目標

實施策略

行動方案

圖 2 教育部品德教育促進方案圖示（教育部，2019/06/12）

⌂ 表 1　2019 年各縣市制定的品德核心價值

縣市名稱	品德核心價值
臺北市	尊重生命、孝親尊長、負責盡責、誠實信用、團隊合作、自主自律、主動積極、謙虛有禮、關懷行善、愛護環境、賞識感恩、接納包容、公平正義
新北市	尊重、責任、公德、誠信、感恩、合作、關懷、助人、正義、反省、孝悌、自主
桃園市	誠信、負責、欣賞、尊重、孝敬、感恩、勤儉、正義、禮節、合作、關懷、謙恭
臺中市	自律、尊重、正念、誠信、負責、合作、勤儉、正義、勇敢、關懷、寬恕、感恩
臺南市	誠信、孝順、感恩、尊重、關懷、負責、自信、自律、正念、正義、友善、信賴、寬恕、合作、勇敢、勤儉、尊重生命
高雄市	**自主行動**：自律、勇敢正義、孝敬溝通互動：守法、負責、合作、禮節 **社會參與**：尊重、誠信關懷、感恩
宜蘭縣	**國中**：孝悌、誠實、堅毅、正直、勇敢、正義、寬恕、謙恭（禮貌）、信任、平等、尊重、責任 **國小**：容忍（接納）、感恩、合作、負責、關懷、自律、理想、守法、慎思、欣賞、服務、回饋（奉獻）
新竹縣	尊重生命、孝親尊長、負責盡責、誠實信用、自主自律、公平正義、行善關懷
苗栗縣	尊重生命、孝親尊長、負責盡職、誠實信用、關懷行善、公平正義、自律合群、愛護環境、感恩讚美、自發共好
彰化縣	禮節、守法、正義、公德、信實、合作、感恩
南投縣	謙虛禮貌、勤儉公德、尊重包容、誠實負責、感恩友善、重視生命、公平正義、團隊合作、勇氣寬恕、孝順尊長
雲林縣	善念、勤勞、正直、負責、感恩
嘉義縣	熱誠、關懷、審美、健康、自省
屏東縣	誠信、孝順、公德心、守秩序、感恩、負責、尊重、關懷、寬恕、勤勞、自我反省、合群、服務
臺東縣	公德心、尊重、誠信、負責、友愛、感恩、勤勞／勤學、關懷、自省、合作、孝順、寬恕

縣市名稱	品德核心價值
花蓮縣	尊重同理、負責進取、感恩包容、誠實信用、謙虛有禮、行善關懷、團隊合作、環境保育、公平正義、自主自律
澎湖縣	誠實、負責、守法、尊重、合作、孝順、禮節、關懷
基隆市	尊重生命、負責盡責、自律守法、謙虛有禮、團隊合作、公平正義、孝親尊長、關懷行善、誠實信用、賞識感恩、積極勇敢、愛護環境
新竹市	尊重、感恩、負責、孝順、禮貌、誠信、關懷、合作、友善、勤奮
嘉義市	孝順、感恩、樂觀、勇敢、尊重、關懷、獨立、自律、正義、誠信、勤學、有恆、禮節、友善、服務、合作、負責、勤奮
金門縣	誠信、負責、感恩、尊重、關懷、孝順、自省、公德、禮節、公義、合作、寬恕
連江縣	公德、尊重、關懷、責任、感恩、助人、珍惜、誠實、勇敢、自省

　　由表 1 可知，22 個縣市（含直轄市），訂為品德核心價值的前五名依序為：負責盡職（含負責、責任、負責進取）（20）；「尊重」（含尊重生命、尊重同理、尊重包容）（18）、關懷（含關懷行善等）（18）；「感恩」（17）；孝親尊長（含孝順、孝悌、孝敬）（16）。可得知各縣市地方政府最想要培養具備「負責盡職」品德素養的學童。

　　依據劉秀嫚等人（2015：92）研究結果指出，十二年國教品德教育最應強調的前 10 項品德核心價值依序為：尊重生命、孝親尊長、負責盡職、誠實信用、欣賞感恩、接納包容、自主自律、互助合作、同理分享、關懷行善。國小教育階段者有五個，依序為：家庭倫理、生命教育、關懷弱勢、性別平等教育、環境倫理與永續發展。進一步分析，尊重生命、孝親尊長、負責盡職三項，為教育人員與家長共同重視的前三項核心價值。該調查結果歷經 4 年，與 2019 年各縣市政府制訂的品德核心價值相符，學校或可思考參酌地方政府與家長期望優先培養學生具備前五項品德素養，再持續推展與深耕每個項目，達到全品德教育（whole character education）的目標。

肆│品德教育實施的現況與困境

一 現況

就品德教育實施的現況而言，教育部除設置「品德教育資源網」，提供教學資源（含繪本、書籍、影音教材）；研究資源（著作、研討會與論壇、論文／期刊）；辦理品德教育資源網得獎作品；品德教育專題演講等資料，提供教學使用。教育部（2019）也在國民中小學，提出強化品德教育課程活動的實施策略為：

1. 將品德教育融入各學習領域及彈性學習節數中實施。
2. 鼓勵國民中小學進行部分固定時數或時段之品德教育教學。
3. 鼓勵國民中小學將品德教育課程納入「學校總體課程計畫」中推動。
4. 鼓勵國民中小學運用晨光活動、導師時間、週（朝）會、班會及全校性活動等，結合生活教育、體育活動、童軍活動、藝術活動、閱讀活動、環境教育及服務學習等多元方式，認識與體驗品德核心價值，進而培養良好的態度與行為習慣。

因品德自九年一貫課程實施起，未單獨設置學習領域，所以品德課程內涵主要係以融入社會領域、國語（國文）領域和綜合活動（或生活領域）為主。隨機教學時間，主要是利用朝會、晨光時間或導師時間來進行品德教學，實作則以服務學習為主。

為了提升品德教育學習成效，教育部（2019）則提出創新品德教育的6E教學原則，臚列如下：

1. 典範學習（Example）：鼓勵教師或家長等學生生活親近之人物成為學生學習典範，發揮潛移默化之效果。
2. 啟發思辨（Explanation）：品德教育不能八股、教條，或只要求背誦規則，而要對話與思辨。可鼓勵各級學校對為什麼要有品

德、品德的核心價值與其生活中實踐之行為準則進行討論、澄清與思辨。

3. 勸勉激勵（Exhortation）：鼓勵各級學校透過影片、故事、體驗教學活動及生活教育等，常常勸勉激勵師生實踐品德核心價值。

4. 環境形塑（Environment）：鼓勵各級學校透過校長及行政團隊發揮典範領導，建立具品德核心價值之校園景觀、制度及倫理文化。

5. 體驗反思（Experience）：鼓勵各級學校推動服務學習課程及社區服務，實踐品德核心價值。

6. 正向期許（Expectation）：鼓勵各級學校透過獎勵與表揚，協助學生自己設定合理、優質的品德目標，並能自我激勵，不斷追求成長。

范曉倩、范曉芬（2012：47）則綜合 Dewey 的觀點，提出三點品德教育實施策略：

1. 直接參與真實體驗策略：包含道德實踐、體驗學習、全面參與。

2. 對話討論價值澄清策略：包含價值引導、價值導正、價值澄清。

3. 分工合作民主歷程策略：包含合作學習、民主環境、互助合作。

Pala（2011）也指出良好的品德不是自動形塑，而是藉由教學、典範、學習與實踐的歷程發展而成。在教室中執行的策略，包含創造道德社區，合作學習、透過課程教導品德以及鼓勵道德反省等做法。

綜上所述，品德教學必須以學生生活為主體，藉由身教、言教、境教、制教與動教等方式，進行討論、對話、合作、體驗、反思與再修正、再執行的滾輪式，來培養學生具備良好品德。

困境

雖然教育部（2019）指出品德教育推動的成果，已獲得學校重視並納入校務發展計畫，或是透過融入課程或活動將品德教育的推動活潑化、生活化等。但學者確指出「品德教育促進方案」實施成效不彰。例如，劉

秀嫚等人（2015：104）的研究指出，在國小、國中、高中與高職教育階段單獨設立品德教育科目，是受試者最期望的品德教育課程模式，尤其是國小教育階段。但歷經九年一貫課程綱要和十二年國教課程綱要的二次課程改革，均排除單獨設學習領域的政策，採取融入各學習領域的方式實施「品德教育」課程與教學，但成效不彰。吳美瑤（2019）也指出其擔任「品德教育促進方案」地區性訪視委員的經驗，中小學參與此促進方案的意願不高，學校數也不多，故成效相當有限。

　　國內相關研究指出推動品德教育面臨的困境，例如：葉天男（2010）的研究發現，有「教學時間不足」、「家長配合度不高」、「社會不良風氣」、「社會倫理價值觀偏頗」、「大眾傳播媒體相關品德教育的負面報導」等困境。陳憶萍（2011）研究指出，有家庭教育功能不彰、學校內部缺乏共識、教師的言教與身教的負面影響、課程實施時間不足等問題。呂建範（2011）則發現，教育主管機關經費補助緊縮，影響個案學校品德教育方案續行。陳姿吟（2013）研究發現：家庭和學校的不協調、社會的不良示範、行政端形式化的宣傳、教學端的應付配合、政策不具體且變化快速等，都是造成品德教育的實施困境的因素；前者強調品德教育的實施時間不夠，後者則強調品德教育促進方案過於表面化。林繡敏（2011）則發現，有「評量不易」、「授課時間不易安排」、「家長、社區不重視」、「社會、大眾媒體不良風氣」、「具體實施政策不明確」等困境。黃湘閔（2009）研究指出，陽光國小在推行品德教育的過程中，遭遇到的困難，主要包含：「學校評鑑的困境」、「教學壓力與時間不足的困境」、「教師與家長理念落差的困境」、「升學主義與過度溺愛孩子的困境」等四項。

　　綜言之，品德教育實施所面臨的困境主要是人（含教師、家長）的品德素養不足、經費不足、時間不足、政策不具體以及媒體不實的傳播等因素，造成推行 16 年的品德教育促進方案成效不彰。

伍｜結語

　　品德教育係政府長期重要施政目標，教育部於 2004 年訂頒「品德教育促進方案」並積極推動，期使品德教育落實普及。2019 年第 6 次修訂冀能透過品德核心價值及行為準則延續及深化推動的重點，以實踐十二年國民基本教育課程綱要總綱的課程目標「涵育公民責任」及「道德實踐與公民意識」的核心素養內涵。落實「自發」、「互動」、「共好」的理念，培養國民具備有品有德、知行合一，學以致用的現代公民素養。

　　筆者綜合上述文獻分析，也提出五項品德教育實施策略建議：

一、統整三育共構品德網

　　由地方政府協助統整學校教育，家庭教育與社會教育現有內部、外部的品德教育相關人、事、物資源，建立分享平臺，形成面的共構，不是點的各自為政。

二、安排探究實作時間

　　十二年國教強調探究與實作，藉由探究與實作建立服務學習的校訂課程，藉由對話、討論與行動，培養與落實關懷、同理、尊重、負責、合作等核心價值的知識、技能、行動與態度。

三、培養媒體識讀素養

　　大眾媒體製造假新聞或渲染，引起負面效應。學校提供教師與家長媒體識讀的進修，研習或講座等，增進教師與家長媒體識讀素養，具備破除不實報導或假訊息的能力，才能落實品德核心價值。

四、教師運用隨機教學

運用「品德教育促進方案」所提的「6E」教學方法，融入相關領域教學外，教師與家長能隨所遇情境，適時融入品德教育核心價值，進行教學或指導。

五、品德教育政策深化

落實十二年國教的校訂課程，規定學校在總體課程計畫中的「彈性學習課程」部分，必須安排服務學習、戶外教育、班際或校際交流等課程，提供學生有討論，體驗與反思的機會，培養良好品德。

十二年國教強調「素養導向」，能夠培養學生具備品德知識、技能、情意和行動的素養。所以，品德教育必須落實在學習生活中，不僅是做了就好，更重要的是——行動後的反思與轉化（邢小萍，2003：29）。亦即以「做中學，學中思」行動與態度，將品德教育融入生活教育、生命教育、生計教育、生態教育，並培養批判思考、價值澄清與問題解決能力，做為孕育我國各級學校學生全品德素養的根基。

參考文獻

邢小萍（2013）。由「知」到「行」論品德教育的實踐。**教師天地，182**，33。

吳清山、林天祐（2005）。品德教育。**教育資料與研究，64**，150。

吳美瑤（2019）。十二年國教課綱「核心素養」與「議題融入」的品德教育之實踐。**臺灣教育評論月刊，8**(10)，44-50。

李琪明（2004）。品德教育之課程設計理念及其教學模式。**學生輔導，92**，8-23。

呂建範（2011）。**品德教育績優國民小學推動品德教育策略之個案研究**（未出版碩士論文）。淡江大學，新北市。

林繡敏（2011）。**屏東縣國民小學品德教育實施現況之調查研究**（未出版碩士論文）。國立臺東大學，臺東縣。

范曉倩、范曉芬（2012）。國民中小學品德教育實施策略與執行。**臺灣教育評論月刊，1**(13)，46-48。

教育部（2019/06/12）。**教育部品德教育促進方案**（108 年 6 月 12 日臺教學（二）字第 1080083209 號函修訂）。2020/03/27 取自 https://ws.moe.edu.tw/Download.ashx?u=C099358C81D4876CA06EC6164DFBA4EC96D601173D7F538DECEB63B398ED2C2E1AD8238CEDF4640B615C34DF2785AFF8A78E6AAA69AD13B659A4546AE6E3368AE9DEAE0C91B5DBDF12C07BDD0A0C1242&n=9C7FB99A9292FCA29D6525216A74A7523448671BE53A11F2688B28534D390ADA577382E78BB8FE0E&icon=..pdf

陳姿吟（2013）。**國民小學品德教育實施之探究**（未出版碩士論文）。國立中正大學，嘉義縣。

陳憶萍（2011）。**澎湖縣國民小學實施品德教育之研究**（未出版碩士論文）。國立臺北教育大學，臺北市。

黃湘閔（2009）。**國民小學品德教育實施之探討——以陽光小學為例**（未出版碩士論文）。國立臺中教育大學，臺中市。

葉天男（2010）。**澎湖縣國小教師對品德教育實施現況意見調查之研究**（未出版碩士論文）。國立臺東大學，臺東縣。

劉秀嫚、李琪明、陳延興和方志華（2015）。品德教育現況及因應十二年國教課程改革之調查研究。**教育科學研究期刊，60**(2)，79-109。

歐用生（2006）。**課程理論與實踐**。臺北市：學富文化。

Lickona, T. (2003).The Content of Our Character: Ten Essential Virtues. *The Fourth and Fifth Rs, 10*, 1-3.

Pala, A. (2011).The Need for Character Education. *International Journal of Social Sciences and Humanity Studies, 3*(2), 23-31.

第 18 章

性別平等教育

梁慶銅

南投縣草屯鎮碧峰國小教導主任

國立臺中教育大學教育系博士生

壹│前言

性別平等教育（Gender Equality Education）列為十二年國教課綱的十九項議題之一，其主要的目的係透過議題教育與社會脈動、生活情境緊密連結，培養學生批判思考及解決問題能力，並提升學生面對議題的責任感與行動力。而在性別平等教育議題受到政府教育單位的重視，除了想藉由性別平等教育的推動，打破長久存在於社會中的性別不平等，並消彌存在於校園中的各種性侵害、性騷擾或性霸凌的情形。

根據教育部統計處，2014 到 2018 年的校園性侵害事件，調查屬實統計資料，包括大專以下所有級別，以及特殊教育學校等所有的學生，統計資料整理如下表 1：

表 1　校園性侵害、性騷擾或性霸凌按加害人性別調查屬實（疑似）統計（人）

年度	2014		2015		2016		2017		2018	
性別	男	女	男	女	男	女	男	女	男	女
性侵害	403	10	209	7	283	7	250	11	262	5
性騷擾	1517	130	1505	104	1532	90	1614	102	1677	85
性霸凌	38	16	28	10	21	9	27	16	42	6

資料來源：教育部統計處性別統計指標彙總性資料——教育環境。2020 年 6 月 13 日 https://depart.moe.edu.tw/ED4500/cp.aspx?n=0A95D1021CCA80AE。

由上面統計數據可以發現。首先以校園性騷擾事件所占的人數最多，其次為性侵害事件，最少的是性霸凌事件。從加害人的性別來看，可以發現所有性侵害、性騷擾或性霸凌事件，其加害人的性別皆是男性遠大於女性。另外從不同的年度來看，可以發現校園性騷擾的統計調查情形，呈現逐年些微遞增的情況，而在性侵害與性霸凌的人數統計上，依年度別來看呈現有時增加、有時減少的情況。

　　《性別平等教育法》自民國 2004 年公布實施以來，迄今已經實施推動十六年，期間也經過了多次的修法並訂定性別平等教育施行細則。然而，教育領域的性別平等理念的落實，仍然充滿了困難與挑戰。因此，本文主要目的首先說明性別平等教育法的立法精神與主要內涵、其次說明臺灣性別平等教育政策現況和面臨的問題、最後提出問題和結論，以供參考。

貳 | 臺灣性別平等教育政策現況

　　目前臺灣性別平等教育的推動，在十二年國民教育階段採取融入領域課程或是主題教學方式，並達成每學期最少 4 小時的授課時數要求。以下就十二年國教課程綱之性別平教育的基本理念與學習主題進行說明：

一 基本理念

　　國家教育研究院（2020）出版《十二年國教課程綱要議題融入說明手冊》，指出性別平等是一種價值與思維方式，更是一種行動目的。依據性別平等教育法之立法理念，十二年國民教育的性別平等教育實踐，應促進性別地位實質平等，消除性別歧視，維護人格尊嚴，厚植並建立性別平等之教育資源與環境。

　　因此，學校的性別平等教育，應培養學生之性別平等意識，啟發多元文化理解及批判思考能力，覺察性別權力的不平等，並了解與認識性別的多樣性，悅納自己與他人的性別展現，進而能以具體行動消除性別的各項歧視觀點與作為，使所有學生皆能在性別友善的校園中學習與成長。

二 學習主題

　　性別平等教育，是一種理念與價值教育，強調學習者必須從辯證與多

元的角度，思考現代社會與文化脈絡下的性別相關議題。結合核心素養強調的自主行動、溝通互動與社會參與的精神，進行性平議題的九個學習主題探究。以下分別就性別平等教育各不同的學習主題與階段內涵，進行說明如下表2：

⤷表2　性平議題的九個學習主題探究

學習主題	目的	國小階段	國中階段	高中階段
一、生理性別、性傾向、性別特質與性別認同多樣性的尊重	從生心理兩面向，探討理解性別的多樣性。	能夠認識生理性別、性別特質、性傾向、性別認同的差異，覺察身體意象對身心的影響。	強調接納自我與他人的性別多樣性，並釐清身體意象的性別迷思。	進一步肯定自我與接納他人的性別多樣性，並探究社會文化與媒體如何塑造身體意象的迷思。
二、性別角色的突破與性別歧視的消除	了解性別角色的限制與破除相關的性別歧視。	可以覺察性別角色的刻板印象（例如職業、學校、家庭場域）。	進一步檢視相關場域中，有哪些因性別刻板而產生的偏見與歧視。	在前兩個教育階段的基礎上，進一步提出因應與改善的策略。
三、身體自主權的尊重與維護	在了解身體的界限與自主。	強調認識自己的身體界限，以及如何尊重他人的身體。	進一步認識身體自主權的相關議題。	強調如何捍衛與維護自己與他人的身體自主權。
四、性騷擾、性侵害與性霸凌的防治	了解性騷擾、性侵害與性霸凌。	強調認識性騷擾等，並知道尋求救助管道。	強調能夠運用資源解決問題。	知道相關權利與救濟管道。
五、語言、文字與符號的性別意涵分析	在分析語言、文字與符號的性別意涵。	強調理解並使用性別平等的文字與語言。	探究人際溝通中的各種性別符號。	能進一步運用具有性別平等的語言與符號。

學習主題	目的	國小階段	國中階段	高中階段
六、科技、資訊與媒體的性別識讀	培養媒體中性別識能。	能夠解讀媒介的性別刻板印象。	可以解析其中的迷思與偏見。	可以發展批判的能力，並尋求解決的可能辦法。
七、性別權益與公共參與	在了解性別相關的權益與公共參。	強調不同性別者能依其能力與專業，對家庭、社會、國家有所成就與貢獻。	強調相關的法律權益與性別平等運動的歷史發展。	階段強調主動參與促進性別平等的公共事務。
八、性別權力關係與互動	了解性別人際關係與互動，及其中的權力關係。	強調辨識與破除性別刻板的情感表達與互動。	強調省思與他人的性別權力關係，培養平等互動的能力。	進一步養成溝通、協商的能力，提升處理情感的挫折。
九、性別與多元文化	在了解家庭型態的多樣性。	針對不同社會文化中的性別文化意涵進行討論。	連結至性別、種族與階級的交織。	拓展至國際趨勢，並與本地議題進行對話。

資料來源：國家教育研究院（2020）。十二年國民基本教育課程綱要——議題融入說明手冊（頁 30-31）。

參｜性別平等教育法的立法精神與主要內涵

　　性別平等教育實施的目的，是為了培養學生的性別平等意識，建立性別平等的價值信念，藉由了解自己，尊重他人，並減少性霸凌事件發生。以下分別闡述性別平等教育法，立法精神與主要內涵：

一 性別平等教育法的立法精神

體現《憲法》第 7 條規定，中華民國人民，無分男女、宗教、種族、階級、黨派，在法律上一律平等，以及增修條文第 10 條第六項所提，國家應維護婦女之人格尊嚴、保障婦女之人身安全、消除性別歧視、促進兩性地位之實質平等之規定。

二 性別平等教育法的主要內涵

《性別平等教育法》條文計 38 條，分屬七章，包括總則；學習環境與資源；課程、教材與教學；校園性侵害、性騷擾及性霸凌之防治；申請調查及救濟；罰則及附則等，分述如後：

（一）總則 11 條

內容重點包含目的、用詞定義，中央、地方及學校等，性別平等教育組織的任務、委員會組成、經費預算及考核等。

（二）學習環境與資源 6 條

內容重點包含校園環境與空間、招生條件、教學待遇、懷孕學生受教權、職前與在職教育，以及考績、申評和教評會的組成等。

（三）課程、教材與教學 3 條

內容重點包含課程設置及活動設計，規定國中小除性平融入課程，每學期應實施少四小時性平相關課程或活動。高級中等及五年制專科前三年性平應融入課程，以及大專校院應廣開性平研究相關課程，並發展學校符合性平等之課程規劃與評量方式。針對教材編選、審查及選用，符合性別平等教育原則，內容應平衡反映不同性別之歷史貢獻及生活經驗，並呈現多元之性別觀點。教師進行教學活動時，應具性平意識破除刻板印象，避免性別偏見及歧視，並鼓勵學生修習非傳統性別學科領域。

（四）校園性侵害、性騷擾及性霸凌之防治 8 條

內容重點說明如下：明定防治準則內容應包括學校安全規劃、校內外教學與人際互動注意事項、處理機制、程序及救濟方法。學校成員知悉服務學校發生疑似校園性平事件者，應立即依防治規定權責向主管機關通報，至遲不得超過二十四小時。並不得偽造、變造、湮滅或隱匿他人所犯事件之證據，而將該事件交由學校性別平等教育委員會調查處理。

學校性平調查委員會應秉持客觀、公正、專業之原則，給予雙方當事人充分陳述意見及答辯之機會，但應避免重複詢問，並對當事人及檢舉人身分進行保密。提供當事人權益主張、救濟途徑及心理輔導和保護措施等協助。

經學校或主管機關調查屬實後，應依相關法律規定將行為人移送其他權責機關，予以申誡、記過、解聘、停聘、不續聘、免職、終止契約關係、終止運用關係或其他適當之懲處。進行懲處應命行為人接受心理輔導之處置，並得命其為下列一款或數款之處置：(1) 經被害人或其法定代理人之同意，向被害人道歉。(2) 接受八小時之性別平等教育相關課程。(3) 其他符合教育目的之措施等。此外調查過程中，得視情況就相關事項、處理方式及原則予以說明，並得於事件處理完成後，經被害人或其法定代理人之同意，將事件之有無、樣態及處理方式予以公布。但不得揭露當事人之姓名或其他足以識別其身分之資料。而行為人如為學生者，轉至其他學校就讀時，主管機關及原就讀之學校認為有追蹤輔導之必要者，應於知悉後一個月內，通報行為人轉學就讀之學校。行為人為學生以外者，轉至其他學校服務時，主管機關及原服務之學校應追蹤輔導，並應通報行為人轉換服務之學校。通報之學校，應對行為人實施必要之追蹤輔導，非有正當理由，不得公布行為人之姓名或其他足以識別其身分之資料。

學校聘任、任用之教育人員或進用、運用之其他人員，經學校性別平等教育委員會或依法組成之相關委員會調查確認，應予解聘、免職、終止契約關係或終止運用關係。此外調查期間，學校或主管機關應經性別平等

教育委員會決議令其暫時停職；停職原因消滅後復職者，其未發給之薪資應依相關規定予以補發。

（五）申請調查及救濟 8 條

內容重點包含規定被害人或其法定代理人得向學校所屬主管機關申請調查。但學校之首長為行為人時，應向學校所屬主管機關申請調查。任何人知悉得依其規定程序向學校或主管機關檢舉之。接獲調查申請或檢舉時，應於二十日內以書面通知申請人或檢舉人是否受理。申請人或檢舉人於期限內未收到通知或接獲不受理通知之次日起二十日內，得以書面具明理由，向學校或主管機關申復。接獲申請或檢舉後，除申請人或檢舉人未具真實姓名外，應於三日內交由所設之性別平等教育委員會調查處理。

調查小組成員得一部或全部外聘，成員中具性侵害、性騷擾或性霸凌事件調查專業素養之專家學者人數，於學校應占成員總數三分之一以上，於主管機關應占成員總數二分之一以上；事件當事人分屬不同學校時，並應有被害人現所屬學校之代表。性別平等教育委員會應於受理申請或檢舉後二個月內完成調查。必要時，得延長以二次為限，每次不得逾一個月，並應通知申請人、檢舉人及行為人。

調查完成後，以書面向其所屬學校或主管機關提出報告。學校或主管機關接獲調查報告後二個月內，送相關權責機關依法規的規定議處，處理結果以書面載明事實及理由通知申請人、檢舉人及行為人。申請人及行為人有不服者，得於收到書面通知次日起二十日內，以書面具明理由向學校或主管機關申復。接獲學校或主管機關重新調查要求，應另組調查小組。

申請人或行為人對學校或主管機關之申復結果不服，接獲書面通知書之次日起三十日內，依規定提起救濟。學校及主管機關對於事件有關之事實認定，應依據其所設性別平等教育委員會之調查報告。

（六）罰則 2 條

內容重點包含學校校長、教師、職員或工友知悉性平事件，未於時限內通報，或有偽造、變造、湮滅或隱匿他人所犯校園性騷擾或性霸凌事件之證據，處新臺幣三萬元以上十五萬元以下罰鍰。另違反調查原則、身分保密或檔案資料管理之規定者，處新臺幣一萬元以上十五萬元以下罰鍰。針對行為人不配合執行，或不配合調查，而無正當理由者，處新臺幣一萬元以上五萬元以下罰鍰，並得按次處罰至其配合或提供相關資料為止。學校校長、教師、職員或工友違反疑似校園性侵害事件之通報規定，致再度發生校園性侵害事件；或偽造、變造、湮滅或隱匿他人所犯校園性侵害事件之證據者，應依法予以解聘或免職。

（七）附則 2 條包含性別平等教育施行細則由中央主管機關定之，以及施行日期公布等。

《性別平等教育法》自 2004 年 6 月 23 日歷經四次的修正。最近一次的修正為 2018 年 12 月 28 日，修正內容主要包含將加害人的指稱，改成行為人一詞，並增訂第 27-1 條文，明確訂定學校應予解聘、免職、終止契約關係或終止運用關係的明確規定，以及調整部分條文內容文字的編排順序。

從《性別平等教育法》公布之後，16 年來修正的頻率次數，可以發現政府對性別平等教育議題的非常重視，而在性平相關的規定與罰則也更加明確與嚴謹，任何涉及性平相關的事件都必須依法通報處置，稍一不慎就可能違失。

肆│問題與建議

一 問題

（一）性別平等教育推動多年防範成效有限

根據教育部統計處資料顯示，校園疑似校園性侵害、性騷擾及性霸凌通報件數統計結果，如表 3：

表 3　校園疑似校園性侵害、性騷擾及性霸凌通報件數統計

年度	性侵害						性騷擾						性霸凌					
	總計（件數）	大專校院	高中	國中	國小	特教學校	總計	大專校院	高中	國中	國小	特教學校	總計	大專校院	高中	國中	國小	特教學校
2014	1,666	107	652	768	114	25	3,013	292	616	1,374	622	109	72	9	10	31	22	0
2015	1,562	109	583	759	97	14	3,522	358	668	1,506	898	92	92	13	13	36	29	1
2016	1,585	127	630	715	104	9	4,207	466	807	1,749	1,096	89	98	9	11	47	31	0
2017	1,583	145	646	659	116	17	5,187	652	1,021	1,980	1,424	110	140	26	19	53	39	3
2018	1,766	170	699	739	131	27	5,982	757	1,208	2,102	1,844	71	128	24	18	40	44	2

資料來源：教育部統計處性別統計指標彙總性資料——教育環境。2020 年 6 月 13 日 https://depart.moe.edu.tw/ED4500/cp.aspx?n=0A95D1021CCA80AE。

根據表 3 數據資料顯示，可以發現 2014 至 2018 年期間，校園疑似校園性侵害、性騷擾及性霸凌通報件數的統計數字，首先在性侵害案件呈現通報數每年都在 1500 至 1800 件之間，其中以國、高中的通報件數最多，其次為大專校院和國小部分，最少案件為特教學校。其次在性騷擾案件呈現國中案件數最高，依次為國小、高中、大專校院，最少為特教學校。最後在性霸凌部分，通報案件數最多為國中，其他依次為國小、大專校院、高中，最後為特殊學校。

在《性別平教育法》立法通過已近 16 年，且明定國民中小學除應將性別平等教育融入課程外，每學期應實施性別平等教育相關課程或活動至少四小時；高級中等學校及專科學校五年制前三年應將性別平等教育融入課程；大專校院應廣開性別研究相關課程。雖然教育法令有明確的教學規範與實施時數規定。然而，校園性侵害、性騷擾及性霸凌事件卻無法有效的減低，其原因實有必要進行更深入的探究。

（二）強化教師性別平等教育的相關素養

目前臺灣社會，針對性別平等教育有關同志教育的用詞及教學內容，仍然存有憂慮及歧見，而於 2019 年舉行公民投票通過提案，依《公投法》第 30 條第一項第三款之規定，廢止《性平法施行細則》第 13 條所定之同志教育。教育部訂定之《十二年國民基本教育課程綱要》，將「同志教育」用語改為「認識及尊重不同性別、性別特徵、性別特質、性別認同、性傾向教育，及性侵害、性騷擾、性霸凌防治教育」，意指認識及尊重不同性別、不同性別特徵、不同性別特質、不同性別認同、不同性傾向，及落實防治性侵害、性騷擾、性霸凌，以充實國民中小學性別平等教育之課程內涵，並酌作文字修正。因此，教師在實施性別平等教育相關教學時，用詞必須熟悉法律的規範，以及精準掌握性平相關名詞的定義與內涵，避免造成學生和家長的困擾與質疑。

（三）加強學生對於性平事件相關的知能

從表 3 的數據資料顯示，國中教育階段性平事件的發生，明顯高於其他教育階段，如何教導學生有足夠的性平知能與行為掌控能力，保護學生免於成為性平事件的主角，國中教育階段的師長必須付出更多的關注心力。

校園性平事件層出不窮，許多學生認為只要沒有「強制」的行為，雙方同意就可發生性行為不會觸法，卻不知刑法保護未成年人訂定了保護條

款。因此，教學者的職責，應讓學生了解未成年人的性自主權，受法律保護管轄。據此，對於性別平等教育的落實更顯重要，除仰賴教育政策法令的建置外，尚須透過性平課程的設計，以及相關行動研究方案的推動來提升學生性平的知能。

學校是學生性平知識的重要來源之一，必須提供足夠的資源與有效的配套措施，引導學生建立合宜性別平等知能與態度。換言之，培育學生具備性別平等知能，是當前政府相關單位、學校行政和老師的重要課題。

二 建議

(一) 針對特殊個案學生給予積極關注

校園性平事件一旦發生須依法辦理（蘇滿麗，2012）。對學生而言，不管是行為人或是被害人都會造成莫大的困擾與傷害。因此，學校師長平時就必須提供特殊個案學生更多的關懷與協助，陪伴度過苦澀的青春轉換期，避免誤觸法律的規範造成學生及其家庭不必要的傷害與困擾。

(二) 整合學校和社區資源發揮守門人角色

性別平等教育法規定學校，每學期至少必須實施四小時性別平等教育課程，學校應針對現況適時調整教學策略，並結合家長及社區的力量，共同投入性平教育宣導及預防的工作，讓教育的力量觸及到學區的每一個角落。

(三) 完善校園安全風險評估指標

建置校園安全地圖，並消除安全死角，除了培養學生建立危機意識，校園中標示特別容易發生性平事件的時間或地點，不但可以避免憾事發生，也能發揮警示的作用。

（四）強化老師性別平等教育知能

老師是性平教育宣導的第一線教育人員，也是學生的重要他人。學生在校園中的生活與學習狀況，老師需要清楚掌握尤其是班級導師。然而在國中小階段，學生似懂非懂教學引導的過程讓老師費盡心思，也不見得學生都能了解性平教育的重要內涵與自我保護機制。因此，提升老師的性別平等教育相關教學知能，透過豐富的性平教育分享平臺，介紹並鼓勵老師善加運用，在當前網路資訊發達的社會更顯重要。

性別平等教育法（2018 年 12 月 28 日）。2020 年 6 月 13 日 https://law.moj.gov.tw/LawClass/LawAll.aspx?pcode=H0080067

蘇滿麗（2012）。愛情、性別與法律的第一堂課 —— 我該怎麼辦？。**教育部性別平等教育季刊**，**51**，53-59。

教育部統計處性別統計指標彙總性資料 —— 教育環境（無日期），2020 年 6 月 13 日 https://depart.moe.edu.tw/ED4500/cp.aspx?n=0A95D1021CCA80AE。

國家教育研究院（2020）。十二年國民基本教育課程綱要 —— 議題融入說明手冊。2020 年 6 月 15 日 https://www.naer.edu.tw/ezfiles/0/1000/img/67/436254530.pdf

第 19 章

原住民族教育政策

劉雅婷

臺中市新社區協成國民小學教務主任

國立臺中教育大學教育學系博士生

壹｜前言

　　臺灣歷經了荷西、明清、日據及國民政府不同時代政權的更迭，從歷史脈絡來看，臺灣原住民族在不同政權統治下都落入了當權者優越的種族中心主義意識形態中，尤其是在日據與國民政府時代皆以同化整合、禁說方言等政策對原住民族進行統治和管理，而這樣的政策取向也致使臺灣原住民族文化、傳統語言面臨到前所未有的崩解危機。

　　近年來，臺灣原住民族教育改革是朝向建構完整的原住民族教育體制並保障原住民族教育主體權為其發展目標；其中又以 2014 年的《實驗教育三法》、2016 年的《原住民族語言發展法》及自 1998-2019 年歷經五次修法的《原住民族教育法》體現此一改革目標。其中《原住民族教育法》奠定了原住民族教育法制的基礎，同時也呼應了《憲法增修條文》第 10 條中第 12 項尊重民族意願條款精神；政府或主管機關的角色，主要在於盡可能協助原住民族實現其教育主權。

貳｜近代臺灣原住民族教育重要政策

　　1980 年代，國際上興起一波多元文化教育風潮，同時國內原住民族運動也蓬勃發展，並爭取許多與原住民族群相關的權利及企圖翻轉因過去錯誤政策所帶來傳統文化、語言消逝的危機；而當代政府也順應國際情勢，開始關注並改善原住民族教育環境並制定相關法令去維護延續族群文化、語言及教育主體權。

　　1987 年臺灣原住民族權利促進會[1] 發布了臺灣原住民族權利宣言主張

---

[1] 「原權會」是第一個以原住民為主要組成的非傳統性社會團體，也是首先組織、有計畫地推展民族運動的泛族群組織。它是目前領導「泛原住民運動」的單位，因此，它

「原住民個人教育機會均等，不應其身分在升學或就學上受到不平等的對待……原住民有權使用自己的母語受教育，成立自己的學校。」《憲法增修條文》第 10 條也明定「國家肯定多元文化，並積極維護發展原住民族語言及文化，國家並應民族意願，對原住民族教育文化……予以保障扶助並使其發展。」

教育部也於 1998 年公布第一部原住民族專屬法規《原住民族教育法》，2001 年試行九年一貫課程，並開始將本土語課程納入九年一貫課程綱要中，一周一堂的鄉土文化課程讓當時致力於原住民族教育的學校開始有了著力點，例如屏東縣泰武國小在 2009-2012 年（98-101 學年度）就已設計民族教育校本課程、推行第三學期假日全族語學校、老幼共學族語幼兒園等，原住民族教育已逐步彰顯其「教育主體性」的趨勢。

■ 一 《實驗教育三法》與學校型態

為鼓勵教育創新與實驗、保障學生學習權及家長教育選擇權，教育部於 2014 年 11 月公布「實驗教育三法」，其中又以《學校型態實驗教育實施條例》為原住民族教育創造更有利的學習環境，而為了實踐民族教育理念，許多原鄉地區學校紛紛轉型成為學校型態的原住民族實驗教育學校，如表一所示。

原鄉學校要轉型成民族實驗教育學校，首先要先向地方主管機關提出申請，其課程計畫通過審核後，在實施階段要有 1/3 以上的民族文化課程且在籌備及實驗階段皆有經費挹注；再者，民族實驗學校內的文化課程是不受教育部所頒布的課綱或課程標準的限制，學校可以依照自己特定的教育理念及部落傳統文化去制定屬於自己的民族文化課程。

目前原住民族實驗學校多採的是「雙軌教育模式」，也就是以民族傳統文化結合一般學校部定課程知識，培育兼具傳統與現代的新世代原住民

的組織結構及意識形態在研究上都是很重要。

族；許多實驗學校的教育理念也與十二年國教核心素養相互連結，以「部落生活、民族文化」作為學校課程發展的基底，透過深耕於日常生活，培養孩子所需要的素養。

⤳ 表 1　推動原住民族教育實驗計畫學校一覽表

校名	族別	學年度
臺中市博屋瑪國民小學	泰雅族	105-108
高雄市巴楠花部落小學	多族群	
屏東縣地磨兒國民小學	排灣族	
臺東縣土坂國民小學		
屏東縣長榮百合國民小學	排灣族、魯凱族	
臺東縣南王國民小學	卑南族	
高雄市樟山國民小學	布農族	106-108
高雄市多納國民小學	魯凱族	
花蓮縣萬榮鄉萬榮國民小學	太魯閣族	
苗栗縣泰興國民小學	泰雅族	
宜蘭縣南澳武塔國民小學		
嘉義縣阿里山鄉達邦國民小學	鄒族	
臺東縣卑南鄉達魯瑪克民族實驗小學	魯凱族	
屏東縣北葉民族實驗小學	排灣族	
臺東縣土坂 vusam 文化實驗小學	排灣族	107-108
屏東縣賽嘉國民小學		
臺東市南王 Puyuma 花環實驗小學	卑南族	
花蓮縣豐濱縣國民小學	阿美族	
南投縣仁愛鄉都達國民小學	賽德克	
南投縣久美國民小學	布農族／鄒族	

校名	族別	學年度
新竹縣尖石鄉新樂國民小學	泰雅族	108
新竹縣尖石鄉嘉興國民小學		
新竹縣尖石鄉尖石國民小學		
新竹縣五峰鄉桃山國民小學		
苗栗縣象鼻國民小學		
屏東縣青葉國民小學	魯凱族	
屏東縣茂林國民小學		
臺東縣蘭嶼鄉椰油國民小學	雅美／達悟族	

資料來源：本研究者整理。[2]

貳《原住民族語言發展法》

語言是維繫文化知識的重要關鍵，許多傳統文化知識蘊含在語言之中，文化傳承上若缺乏族語的使用，將難以體會傳統文化的智慧；而為解決原住民族語言瀕危困境，並落實《原住民族教育法》第 21 條「對學前教育之原住民學生提供其學習族語、歷史及文化之機會」，政府於 2016 年制定《原住民族語言發展法》，同時也解決現行民族實驗教育在族語師資上所遇到的困境及完備族語人才的培育。

依據《原住民族語言發展法》第 6 條規定「中央主管機關應協助原住民族各族設立族語推動組織」；同法第 7 條規定「中央主管機關應訂定原住民族語言發展政策，並優先復振瀕危語言」；目前在基層是由「族語推廣人員」去推動族語復振工作，希望藉由「由下而上」的方式輔導十六個原住民族成立自己的族語協作中心，並依照各族群的需求去擬定相關語言復振推廣計畫。

---

[2] 教育部國民及學前教育署——原住民族資訊網，2020 年 6 月 10 日，取自：https://ieiw.ntcu.edu.tw/#1&gsc.tab=0

　　另外，本法第 20 條亦鼓勵各大專院校開設原住民族語言課程及設立與原住民族語言相關系所及學位學程，以培育原住民族語言人才；目前全臺共有八所族語學習中心，其開設目標是要強化族人族語的學習力及培育未來專職的族語師資。

三 《原住民族教育法》

　　1998 年《原住民族教育法》公布實施後，透過法令的落實以達成教育機會均等的理想與目標，原教法公布至今歷經過五次不同程度的修法，針對原住民族教育問題尋找解決的辦法並落實原住民族學生的教育權利；而第五次修法（2019/06/19）是爲了回應社會各界期待並落實蔡英文總統「建立完整的原住民族教育體制，保障原住民族教育權」政策，全文共 45 條的原教法修正案，修法重點如下[3]：

（一）擴大原住民族教育對象

　　原住民族教育對象擴展至全體師生及國民，目的是營造對族群友善的環境；且政府機關、公營事業機構及政府捐助基金累計超過 50% 的財團法人，也須負起推廣原住民族教育工作的責任，規劃實施原住民族及多元文化教育相關課程。

（二）完備行政支持系統

　　強化並完備行政支持系統，權責明確化。在中央，教育部與原民會共同合作進行原住民族教育政策規劃及諮詢並訂定原住民族教育發展計畫；地方上，地方政府須訂定原住民族教育方案，各地方政府也應設立原住民族教育資源中心。

---

[3] 全國法規資料庫（2019-06-19）。原住民族教育法。2020 年 6 月 10 日，取自：https://law.moj.gov.tw/LawClass/LawAll.aspx?PCode=H0020037。

（三）促進原住民族參與

尊重原住民族的主體性，各族群與各部落有權參與教育規劃，讓族人可以投入教材選編及落實原住民族主體性的尊重。此外，原住民族、部落及傳統組織等，可受政府委託辦理原住民族教育，也可以在地方政府的輔導下，設立原住民族推廣教育機構。

（四）強化師資培育

未來原住民族師資培育將增加民族教育專長的教師證書；另外，教育部也規範公費師資族語專長應與分發學校需求相符，搭配師資培育的進展，使原住民籍教師能穩定地培育與進用。

（五）深化民族教育

鼓勵民族實驗教育、深化民族教育及民族知識體系建構，原民會定期邀請教育部、科技部、文化部等相關部會共同研商發展及厚植原住民族知識體系的計畫，並作為原住民族教育師資培育及課程發展的基礎。而為打造完整的原住民族教育體系，促進原住民族教育多元發展，將由原民會規劃設立《原住民族學校法》。

參 | 原住民族教育政策實施現況與困境

一 政策實施現況

（一）落實原住民族教育主體性理念

1. 以「學生為主體」的教育實踐

十二年國教的課程理念強調「學生是自發主動的學習者」、「學生是學習的主體」，凸顯學生在學習歷程中的主動性；目前在原住民族實驗學

校教師多採以「文化回應教學模式」，目的是在協助學生透過學習自己的歷史、文化、傳統價值、當代生活型態與傳統知識，發展正向積極的自我認同，並讓學生積極參與社區文化，習得所需的知識與技能。

2. 以「民族為本位」的課程設計

(1) 民族本位教科書的頒布

屏東縣政府於 2018 年頒布全國第一套融入排灣族文化的民族本位教科書，其課本內容、圖片都是結合排灣族學生生活經驗來做設計，課程的架構也結合一般教育的課程綱要，讓學科知識連結孩子們最熟悉的文化元素，不僅能貼近學童生活的素材引起學習興趣，更能喚起族人的文化認同，產生學習遷移的效果。

(2) 成立課程發展協作中心

「課程發展協作中心」是由教育部國教署協助成立，因過去民族實驗學校都沒有自編民族教材的經驗，所以希望能透過課程協作中心讓實驗教育學校的教師們能夠研發出民族文化教材並落實各族群的民族教育課程。

3. 培育原住民族教育師資

因應《原住民族教育法》修正完成，教育部啟動民族教育師資培育，增加「民族教育」專長的教師證書，師資培育大學也會辦理原住民師資培育專班，培育原住民族語言及民族教育師資，目前全臺共有 8 所大學承接培育原住民族教育師資及族語師資的業務。

4. 健全族語學習環境

《國家語言發展法》尊重各語言的多元性、平等發展及傳承延續，其中明定原住民族語為國家語言之一，據此政府積極保護、促進各原住民族族語發展；《原住民族語言發展法》也將落實各項族語的復振工作，營造更友善的族語生活環境，建構更多元的族語學習管道，讓原住民族的語言能重現於我們的日常生活中。

政策實施困境

（一）現職教師在編纂民族課程上負擔沉重

目前原住民族實驗學校教材的編纂，都是仰賴前線教師協力完成，教師們在研發課程的同時還要兼顧教學工作，負擔相當沉重；且為了讓家長對民族教育有信心，教師們在課堂上除了要教授族群傳統知識文化、語言外也必須兼顧學生基本學習能力的提升。

（二）需關注都市原住民族學生的需要

在工業化與資本主義的浪潮下，都市勞力密集的行業吸引了大部分的山區人力前往都市尋求就業機會，形成了「都市原住民」群體文化，而許多跟隨家長移居至都市就學的學童常會因文化弱勢及適應問題在學習中產生壓力及挫敗感，更遑論有機會去學習到自己的族群文化及語言；但近幾年來政府投入許多資源在原住民族教育上，是否能成為翻轉都市原住民族學生在學習民族文化的契機，也有待相關單位做出規劃及實踐。

（三）家長對民族教育信心不夠

臺灣社會目前仍是以學科能力及文憑主義為主，接受民族教育學生在未來升學及就業機會上目前都難以預測，這挑戰家長對民族教育的信任感，部分家長的疑慮多放在孩子若是就讀於民族教育實驗學校，未來是否會失去競爭力？因此，如何讓家長對於民族教育有信心，也是有關當局要努力的方向之一。

（四）中學以上的民族教育機構數量不足

目前各族群的民族實驗小學已陸續成立，但中學以上民族實驗教育機構卻只有臺東縣蘭嶼高中、嘉義縣阿里山國中小學、宜蘭縣立大同國中、新竹縣尖石國中、臺中市和平國中及高雄市巴楠花部落中小學，數量上相當不足，未來勢必會造成各民族實驗教育在升學銜接適應上的隱憂及問題。

（五）原住民籍師資率依舊不達 1/3

偏鄉及山區學校長久以來因交通及生活上的不便利，面臨到教師人力不足與高度流動的問題，使得偏鄉地區學校整體資源處於更加不利的狀態，並加劇了城鄉差距的問題，影響學生學習的品質；《原住民族教育法》第 34 條明定原住民族地區及原住民族重點學校聘任原住民教師比例下限，雖近年來原住民族教師人數所占比例有逐年增加，但原住民族重點學校中原住民籍師資率依舊不達 1/3，故建議主管機關應落實原教法政策並保障原住民族學生受教權。

肆｜相關建議

■ 一 落實中央和地方的執掌分權

教育部與原住民族委員會就主管權責分別辦理原住民族之「一般教育」及「民族教育」[4]，教育部與原民會負有共同的責任，為避免原住民族教育權責不明的狀況，教育部應設置原住民教育主管單位，地方教育局要有原住民教育課來管理原住民族教育事務，並要能將「一般教育」及「民族教育」的目標、性質、功能和範圍定義清楚，否則原住民教育主關機關之間權責依舊模糊，將會直接會影響原住民族學生受教的品質。

■ 二 相關教育類法案需要配合原教法做修正

《原住民族教育法》修訂後，原住民族教育內容都已有了修正及改變，但目前《國民教育法》、《高級中等教育法》及《師資培育法》等相

---

[4] 《原住民族教育法》第 4 條對「民族教育」定義為依原住民族文化特性，對原住民學生所實施之民族知識教育；「一般教育」指前款民族教育外，對原住民學生所實施之一般性質教育。

關教育法案卻都未配合原教法去做與民族教育相關的條文修正，建議主管單位應要主動即時做條文的調整，以降低原教法與其他教育法令衝突的狀況。

三 成立區域性教育策略聯盟及重視知識性統整

以區域性教育聯盟的方式讓已成功研發出民族教育課程的學校可以以教師專業研習的方式帶領其他附近原住民族重點學校來編纂在地課程；也可以鼓勵校際間課程交流及教師公開觀課，藉由觀摩彼此課程的發展達到教學相長的效果，也能讓教師們在課程設計上有更多元的啟發。

四 建置臺灣原住民族知識體系

臺灣目前經政府認定的原住民族群總共有十六族，若要完備民族教育體系，必須要先建置各族群文化的民族教育知識系統，而目前較可行的方式是先找出各個原住民族傳統知識文化、價值觀相同的部分，先從共同處去做系統性的整理，其他差異的部分則交由十六族族人及在地的一線教師們共同努力建構完成。另外，也建議各大原住民族部落大學可將所累積的課程經驗及研究成果統整起來，做為建構民族教育知識系統的參考。

五 建立長期教育資料庫

若要了解政策的執行成效必須定期且長期的追蹤。目前臺灣原住民族相關研究已累積不少資料，但多屬於個別性及短期性的研究，缺乏一個長期有系統的研究規劃；因此建立一個長期的研究資料庫，一方面可以鼓勵原住民族的基礎教育研究，另一方面也可以長期追蹤原住民族學生畢業後的職業取向，評估人才培育的狀況，目前像是「教育部原力網」就有很多相關資訊可供民眾參考。

六 善用部落耆老及社區資源

學童學習語言最佳的時機是在學齡前，因此建議家長讓孩子多回到部落學習族語；而學童在學習族語的過程中也要學習族群文化，因為沒有族群文化的經驗，孩子在學習族語上將會無法紮根，落入到無意義的學習窘境；另外，文化及族語的傳承不應該只在學校實施，同時也要落實在家庭生活層面才會更有效率。而推動民族教育也需要部落耆老的資源，應讓耆老們成為原住民族實驗學校、原住民重點學校及未來原住民族學校的師資來源。

七 關注都市原住民族學生的需要

臺灣原住民族為了謀求生計及追求教育品質，往都市遷移情況是相當普遍的，因此原住民族學生在非原鄉的比例相當高，但教育主管機關推動原住民族教育政策卻鮮少針對非原鄉地區的學生制定實質的規劃。

（一）設立原住民族實驗班

依據《原住民族教育法》第 21 條規定「教育主管機關為發展原住民族教育，得指定所屬公立高級中等以下學校，或由學校提出申請，辦理部分班級實驗教育」，為此國教署訂定《公立高級中等以下學校辦理部分班級原住民族實驗教育辦法》，讓高中職、國中、國小皆可按照各校需求辦理「原住民族實驗班」。

（二）建置線上族語學習環境

目前家庭學習族語環境其實都已崩解，尤其是在都市原住民族家庭，因此建議可透過虛擬線上族語學習系統讓都市原住民族學生也有學習族語的機會，再來族語學習教材也應朝向生活化的方向設計，讓學生產生學習興趣並提升學習成效。

伍│結論

　　原住民族教育環境在近幾十年來變得相當友善，不論是教育部或原民會在相關政策上都投入了充足的資源及經費、保障原住民學生入學及就學機會、增加多元幼兒教保服務型態、提供貼近民族文化需求的課程教學、培育民族及族語教師、興辦原住民族實驗教育、族語內涵學習具象化、催生體制完備的原住民族學校……等；愈來愈多「由下而上」投入民族教育的第一線教師、社區人士及專家學者們，大家都共同在為深耕原住民族主體教育而努力，也企盼未來在臺灣教育及文化的發展上，能繼續朝著多元、和諧永續的目標邁進。

參考文獻

吳天泰主編：吳天泰、李沛恩、范麗娟、賴兩陽、劉培玲、Kui（許俊才）、黃雯絹、楊正賢、張瑜芳（2013）。**向部落學習**。花蓮縣壽豐鄉：國立東華大學原住民族學院。

周惠民（2019）。**臺灣原住民族教育發展**。新北市：國家教育研究院。

孫大川（2000）。**夾縫中的族群建構**。臺北市：聯合文學出版股份有限公司。

黃樹民、章英華主編（2000）。**臺灣原住民政策變遷與社會發展**。臺北市：中央院民族所。

黃靜惠（2010）。**「文化回應教學」與國小讀寫課程設計**。臺北市：威秀資訊科技。

謝世忠（2017）。**認同的汙名：臺灣原住民的族群變遷**。臺北市：玉山社。

譚光鼎（2002）。**臺灣原住民教育：從廢墟到重建**。臺北市：師大書苑。

全國法規資料庫（2017-06-14）。原住民族語言發展法，2020 年 6 月 8 日，https://law.moj.gov.tw/LawClass/LawAll.aspx?pcode=D0130037

全國法規資料庫（2019-06-19）。原住民族教育法。2020 年 6 月 10 日，取自：

https://law.moj.gov.tw/LawClass/LawAll.aspx?PCode=H0020037

全國法規資料庫（2019-12-31）。原住民族教育法實行細。2020 年 6 月 8 日，
　　取自 https://law.moj.gov.tw/LawClass/LawAll.aspx?pcode=H0020047

全國法規資料庫（2018-01-31）。學校型態實驗教育條例。2020 年 6 月 8 日，
　　取自 https://law.moj.gov.tw/LawClass/LawAll.aspx?PCode=H0070060

教育部國民及學前教育署 —— 原住民族資訊網，2020 年 6 月 10 日，取自：
　　https://ieiw.ntcu.edu.tw/#1&gsc.tab=0

第 20 章

原住民籍公費師資培育課程回顧與趨勢

林思騏

嶺東科技大學幼兒保育系助理教授

壹│前言

　　師資良窳關係著學生的學習成效，原住民族地區學校多屬偏遠，特別需要具高度熱忱、專業，並認同原住民族文化的師資（周惠民、施正鋒，2011）。長期以來原住民族地區素有學校師資人力不足的問題，不僅影響學生學習品質，更造成原住民籍師資斷層及傳承危機，影響原住民族教育及文化發展。雖然《原住民族教育法》（以下簡稱《原教法》）三讀通過，讓原住民族中、小學、原住民教育班及原住民重點學校之專任教師甄選有一定之比例，但原住民族地區學校仍普遍出現「該地人數優勢族群卻接受少數族群之一般教育（包含語言和文化教育）」之現象，亦即原住民族地區教育師資的專業成長尚無法扣緊文化意識的了解與建立。

　　2018 年《原教法》15 年來首次全文修正。該法修正的具體面向主要有擴大原住民族教育對象、完備行政支持系統、促進原住民族參與、強化師資培育，以及深化民族教育等 5 項重點，確實給予建構以原住民族為主體的民族教育課程與學校體系有更大的正增強與發揮的空間。特別是第 31-37 條文針對民族教育需求，暢通各類師資培育管道這項突破性的修正，讓原民師資議題受到矚目。本文藉原民教育政策的簡要分析，可以看出政府對原鄉師資人力補充的重視，突顯原民公費師資培育制度存在的價值。

貳│政策現況

　　任何相關教育政策之推動，能否成功推動及達標與否的關鍵角色始終是第一線的教師，一般教育如此，原住民族教育更是如此。原住民族教育師資不同於一般學科領域教學師資，是較具獨特性、差異性與地域性的，因此在師資培育的課程安排上亦要兼顧更多目的性、文化性、在地性與實

踐性的差異性思考。

　　一般大學認為設立原住民專班對原民學生及大學端而言是一種雙贏策略，一方面大學減緩招生困擾，另一方面也增加原民學生就讀高等教育的機會。原民專班政策讓很多原民學生透過這個原來沒有的管道進入大學。108 學年度全國有 19 所大學院校、28 個原民專班、招生名額 759 名。可是從 105 學年度到 108 學年度增十一個學校新開了八個原專班，多了 78 個招生名額。但是關閉了七個學校九個原專班，停招了 252 個名額，另外的八個大學院校從 105 學年度維持到 108 學年度的原專班減招 99 人，增招 5 人，兩相比較仍少了 94 個名額（高等教育司電子布告欄，2018）。多數的大學想要多收一點學生、多獲得一些經費而申請成立原專班，但又在過程中遭到挫敗而減招或停招。可見經營原民專班沒有想像中容易，甚至可以說是非常困難。

　　過去五年之間，原住民籍學生在高等教育人數快速成長，但在高等教育階段原住民籍學生人數占總學生人數比率仍偏低，這表示隨著教育階段的上升原住民族學生就學數明顯下降。108 學年大專校院原住民學生以就讀「餐旅及民生服務學門」占 19.8% 最高、「醫藥衛生學門」占 17.2% 次之、「商業及管理學門」占 12% 居第三。而教育學門只占 4.4%，列為第 8 學門（教育部統計處，2019）。原住民籍學生不喜歡教育學門？原住民籍學生不想當老師？一項對於原住民學生未來夢想與期望分析指出，原住民學生認為教師和公務員是就業的第一首選和目標，其指出許多原住民孩子家長常灌輸孩子教師和公務員的好處，因此希望畢業後有穩定的公職是大學生就業的第一首選和目標（臺灣大學教學資源網，2003）。倘學生希望就業為公職而選擇就讀學系大不相同，應為入學管道不夠暢通，才導致學非所用。

　　再以整體原住民發展的觀點來看，如果原住民年輕人仍在一般大學上課，出社會後也只做一般的工作，對原住民社會族群和部落的發展並沒有太大的助益，文化與知識的傳承和創新也難有好的接續。教育需要回歸本

質，成為真正生活的一部分。全面提升原住民整體素質，不是只有表面、簡化的宣導與做法，必須從根本做起。原住民族希望發展，我們必須重新整理對原民教育的思維：如果要把每一個原民孩子帶上來，必須要全面全力促成孩子學習。如果教育就是要把孩子教會，那我們該如何教會那衷心想把孩子教會的人？小學教師是多元文化教育實踐成敗的關鍵，如果我們希望原住民教育能「傳承和創新」，那麼，此原則也必須落實在「將來的教育」的培育管道上。

《中華民國師資培育白皮書》主張師資培育需符應國家社會需求之特定師資。再依據教育部統計處（2019）《107 學年高級中等以下偏遠地區學校概況》調查統計數據顯示 107 學年高級中等以下偏遠地區學校教師人數共計 1 萬 8,851 人，占全國教師人數比率 9.7%，以生師比而言，國小偏鄉學校為 5.2 人，明顯低於全國國小之 12.1 人，國、高中偏鄉學校生師比亦是低於全國。加上偏遠地區教師屬於非正職、年輕及資淺者相對較多，這顯示偏遠地區的師資潛在流動率高，不利學生穩定學習及校務正常運作。是以，如何透過提供補償性的教育政策，以利更多原住民學生有機會接受教育，甚至有機會成為一名教師，是師培大學對教育公平政策的實踐。

基於原住民族發展的角度，全面提升原住民整體素質，不是只有表面、簡化的宣導與做法，必須重回教育本質，使之真正成為生活的一部分。是以，培養具備多元文化觀點以部落為學習服務場域及具備原住民族意識之原住民族教育教師人才，成為目前師培大學努力的方向。

參 ┃ 問題與改善策略

一 原住民籍公費師資培育制度之問題

自臺灣光復到 1980 年代後期,並未針對原住民族之文化特性而制定不同的培育制度。初期,為因應日籍教師返日而造成師資短缺,政府規劃正規師資培育制度及應變之培育班。1954 年後改以師範學校為國小師資培育之主軸,並逐漸將相當於高中階段的師資學歷提高至專科階段培育;1987 年後將九所師專改制為師範學院,使國中小教師學歷達到大學階段(沈翠蓮,2004)。在課程上,也增進學習的深度與廣度,師範學校時期,僅以一般科目作為教育教授,如:國文與國語、數學、地理、歷史、物理、化學、教育通論、教育行政、教材及教學法、教育心理、測驗與統計、實習等;師範學院時期,則加入語文及教育學系的大量課程,如:兒童文學、四書、書法、文字學、個體文選、教育心理學、兒童發展與輔導、心理與教育統計及測驗、教育概論、教育史、國民小學行政、課程教材教法通論、視聽教育、語文科教學研究、數學科教學研究、社會科教學研究、自然科教學研究、教育實習等(陳枝烈,2014)。

原住民籍公費師資培育制度雖然起自臺灣光復初期,也有不同的管道進入中小學師資培育學制中,但是他們所接受的課程卻與一般生相同。受到早期國內「獨尊國語」的語言政策之影響,原住民語言嚴重流失。師資培育目標與課程,均朝向培養傳承國家意識與漢族文化的優良師資,嚴重衝擊原住民族的部落生活機制和民族文化自信。這些缺乏原住民族價值觀、歷史文化、語言與知識系統的課程傳授給下一代的原住民學生,導致原住民族文化嚴重流失(林文蘭,2018;黃美金,2004)。

學校教育開始引進原住民族族語教學課程,是在 1980 年代後期,1990 年代正式合法地將原住民族語言與文化實施在九年一貫課程政策的「鄉土教學活動」課程之中,「原住民族語」第一度成為學校教學科目,

這是近百年來未嘗有過的教育變革。然而，原住民族教育師資需求，在此時期逐漸浮出檯面。過去師資培育機構並沒有培養學校師資具有民族文化與語言素養、多元文化課程與教學能力等相關教學知能。因趨勢與政策的變遷，使得學校必須面對此一需求。直至今日文化融入教學在師資培育教育專業領域仍是重要的課程規劃。

二 原住民籍公費師資培育制度之改善策略

現行公費生培育方式，可分為下列三種：1.甲案（甄選高中畢業生）：依地方政府師資類科需求及各師資培育大學學系特性，共同決定採大學甄選入學或指考入學方式招生。2.乙案（甄選大學師資生）：依地方政府師資類科需求，遴選卓越師資培育獎學金受獎學生成為公費生。3.丙案（甄選大學畢業生）：依地方政府師資類科需求，由教育部擇訂相對應之師資培育大學研究所給予公費生名額，2年取得碩士學位後，分發服務。而原住民族師資則採以公費集中培育方式培育，並提升至碩士階段，課程除一般師資培育課程外，另應修畢原住民族教育與文化學程，加強原住民族語之學習。

陳枝烈（2014）呼籲原住民籍公費師資培育的課程應納入「原住民族教育與文化學程」，其內容應包含：文化人類學（2學分）、臺灣原住民族概論（2學分）、民族誌田野研究方法（2學分）、原住民族教育（2學分）、批判教育學導論（2學分）、文化回應教學（2學分）、多元文化課程與教學（2學分）、民族教育課程發展與設計（2學分）、部落學校規劃與領導（2學分）、部落服務方案與評估（2學分）、族語（4學分，八學期，每學期0.5學分）。主要目的在於培養既具有原住民族認同、原住民族文化素養，又能從事原住民民族教育的師資。

雖然法令有三分之一原民師資之保障，但立法目的並非只是希望學校中有原住民籍教師而已。師資培育是職前師資生接受教師專業知能學習之始，原住民師資生之師資培育與專業發展與一般師資生又略有不同。課

程必須兼顧提升學生基本能力與民族文化認同之雙重目標與雙文化內涵。另一方面還需要充實原住民族文化素養進行民族文化教學，以確保學生學習民族文化的成效。原住民師資培育形塑師資生日後的教學信念與價值判斷，也影響著學生日後能否順利發展教學專業。能培育出對民族認同且具原住民族文化素養及能從事民族教育的師資，三分之一員額保障才有意義。

　　筆者針對現階段在培育小教師資、中教師資、幼教師資、特教師資的基礎上，提出凸顯原住民族教育特色為：1. 培育原住民語言聽、說、讀、寫之基本能力並系統記錄整理與分析詮釋之原住民族人才；2. 培育兼具文化研究、民族教育與部落文化傳承／創意之原住民族人才；3. 培育原住民族部落／學校領導能力之原住民族人才。4. 培育原住民整體知識觀之原住民族人才。5. 培育能掌握幼小銜接課程與教學之整合型師資。其核心能力為：語言分析詮釋能力、文化素養與創作思考能力、部落領導與校園營造能力、原住民族知識觀與人文關懷實踐能力。說明如下：

（一）培育原住民語言聽、說、讀、寫之基本能力並系統記錄整理與分析詮釋之原住民族人才

　　原住民族語言使用的環境與場域，不斷地遭到排擠與破壞，現今 30 歲以下族人的族語使用能力已大幅降低。吳天泰（2001）表示原住民語言想要有系統的記錄整理，需在大學相關學系加強學生對民族語言聽、說、讀、寫之課程重點。原住民籍公費師資培育課程重點以增加學生對民族語言聽、說、讀、寫之基本能力為主，並積極培育學生對原住民語言有系統的記錄整理與分析詮釋。可開設課程有：族語（一）～（四）、臺灣南島語言概論、族語教材教法、族語評量與測驗、臺灣原住民族語言專題研究、族語教學觀摩及教學實習、族語翻譯與習作、○○族語結構等。育成學生對原住民語言保有與傳承之能力。

（二）培育兼具文化研究、民族教育與部落文化傳承／創意之原住民族人才

原住民族因族別不同而有各自的語言、文化與社會組織，若能透過民族教育的扎根，必能牽引部落的發展與未來。林開世（2013）呼籲紀錄原民歷史的視角需要建構符合在地文化脈動的文類與風格，來呈現原民不同的價值形成與地方運作策略。原住民籍公費師資培育以培育多元族群視野之學務菁英為導向，其課程重點應強調族群關係與傳承認同，注意文史建構與文化理論深度，培育學生兼具文化研究、民族教育與部落文化傳承／創意之能力。可開設課程有：原住民族教育、臺灣原住民族文化概論、族群文化發展與變遷、民族誌田野研究方法、文化回應教學、批判教育學、多元文化教育等。透過計畫性、規則性的課程醞釀，發展學生對文化的辯證及深度詮釋之能力。

（三）培育原住民族部落／學校領導能力之原住民族人才

原住民部落文化具有在地化之特殊性，重塑原住民族教育的多元行動在近幾年來受到良好的關注。部落領導學作者鼓勵企業管理者學習部落式的領導，建立員工如同部落般的安全感與歸屬感（Christine, 2014）。幫助原住民學生進到原住民小學的田野現場，找到實踐行動的立基點，了解部落學校規劃與領導，培育學生對教育領導倫理與社會責任的理解，並掌握發展趨勢與相關知能，是師資培育大學應有的作為。可開設課程有：部落學校規劃與領導、部落學校分析研究、文化社區營造、族群文化與政策、族群與教育、多元文化課程與教學實務、偏鄉學校教學實務、原住民族實驗教育課程與教學等。除了文化傳承之永續，藉由課程學習，培養學生對文化產生認同感，進一步接續傳衍原住民族文化，扶植規劃領導原住民族部落及學校發展之能力。

（四）培育原住民整體知識觀之原住民族人才

　　爲深化推動民族教育，建構原住民族的知識體系，融合、傳承古老文化與生活智慧，培育具原住民族內涵與整體知識觀之人才。原住民族應擁有知識詮釋的主導權，包括在議題設定、概念定義、架構擘劃、理論建構、研究方法，以及科學典範的選擇（Deloria, 1998; Smith, 1999; Rigney, 2001）。可開設課程有：教育哲學、原住民認識論、原住民族實踐知識體系研究、實踐社群知識研究、文化人類學、素養導向原住民校本課程研究、部落倫理、部落組織與溝通等，本課程著眼於原住民教育哲學體系的形成與建構，關注學生的教學策略、教學推理與教學判斷在教學情境中如何形成，培育原住民整體知識觀，將爲臺灣原住民族文化命脈奠定良好基礎。

（五）培育能掌握原民幼、小、中銜接課程與教學之整合型師資

　　師培大學多半採行多面向師資培育，齊備各學習領域教材教法的教授，與中小學、幼兒園與特教等實際教學現場策略結盟。在此基礎上，可發展原住民族教育與文化研究專責單位，積極投入原住民族教育知能、語言振興、原住民職前師資培育與原住民族重點學校的教師專業發展活動。其主要目的在建構原住民族的知識體系，培育能掌握幼、小、中教育銜接課程與教學之整合型師資融合，傳承古老文化與生活智慧，培育具原住民族內涵與整體知識觀之人才。

肆 | 結語

　　師資培育乃爲國家教育事業發展的根本，亦爲教育改革中之重要議題。面對國際原住民族權利發展趨勢，以及國內民族事務之發展，原住民籍教師之聘任攸關學生教育品質之良窳、原民素質的提高以及未來部落的

發展。在國家邁向未來的黃金十年之際，法制化的名額與基本的原民師資架構已完成立法，繼續要努力的是完成修訂培育課程之政策。《原住民族語言發展法》民國 106 年施行、《國家語言發展法》108 年施行、《原教法》108 年全面修正公告施行，3 法分屬原住民族委員會、文化部及教育部主管，整合政策資源爲未來精進原民師資，進而培育人才成爲不可忽視的一環。

　　師資培育公費制度是爲了穩定偏遠地區師資方式之一，師培大學可依各地方政府需求採取客製化培育原住民族文化、語言及民族教育師資。服務於原住民學校教師必須對原住民社會有起碼的了解，才能產生尊重異文化的態度。師培大學可依其特色發展設計課程，結合課程與教學實務，將理論扎根於教學現場。原民師資生在師培大學進行專業學習期間，需隨著教育新思維與翻轉觀念，加強其對於多元文化的理念與實務的了解，促使其跳脫原有的課程框架，並將原住民文化社會融入課程中，使其有機會將原住民族的文化、技藝、語言、生活態度、生命精神、處世哲學與現場教學實務的種種，解構與再建構，成爲具有教育專業素養的原住民身份之教育專業人才，並在學校行政、原住民教師專業發展、原住民教育政策方面，都可以扮演重要支柱。

參考文獻

沈翠蓮（2004）。**臺灣小學師資教育史**。臺北市：五南。

林文蘭（2018）。從斷裂到「主體」：新時代臺灣教育場域的實踐與解放。取自：https://opinion.cw.com.tw/blog/profile/52/article/6741

高等教育司電子布告欄（2018）。**108 學年度大學校院原住民專班招生名額核定一覽表**。取自：https://depart.moe.edu.tw/ED2200/News.aspx?n=5E9ABCBC24AC1122&page=2&PageSize=20

教育部統計處（2019）。**原住民族教育概況統計結果提要分析**。取自：http://

stats.moe.gov.tw/files/analysis/108native_ana.pdf

教育部統計處（2019）。**教育統計簡訊— 107 學年高級中等以下偏遠地區學校概況**。取自：http://stats.moe.gov.tw

陳枝烈（2014）。**三分之一還不夠──再論原住民籍公費師資培育課程**。發表於東華大學原住民族教育中心主辦「原住民族教育暨原住民特殊教育學術研討會」。花蓮：東華大學。

黃美金（2004）。臺灣原住民語言學習規劃之我見。**語言人權語言復振論文集**。51-60。臺東大學語文教育學系。

吳天泰（2001）。原住民文化教育的內涵與發展。**美育，124，**6-9。

林開世（2013）。黃應貴《「文明」之路》一書的評論。**考古人類學刊，78，**163-170。

周惠民、施正鋒（2011）。我國原住民族教育的回顧與展望。刊於國家教育研究院（編）「**我國百年育之回顧與展望**」，237-251。臺北：國立教育資料館。

Christine,C.（2014）。**部落領導學：全球百大 CEO 採用的組織改造計畫**。臺北：三采文化。

Rigney, L. I. (2001).A First Perspective of Indigenous Australian Participationin Science: Framing Indigenous Research toward Indigenous Australian Intellectual Sovereignty.*Kaurna Higher Education Journal*, 7, 1-13.

Smith, L. T. (1999). *Decolonizing Methodologies: Research and Indigenous Peoples*. London: Zed Books.

Warrior, R. A. (1992). Intellectual Sovereignty and the Struggle for an AmericanIndian Future. *Wicazo Sa Review*, 8(1),1-20.

國家圖書館出版品預行編目資料

當代臺灣教育政策議題分析／楊思偉，張碧
如，葉天喜，林政逸，潘玉龍，黃志雄，王淑
玲，蔡霈瑀，張雅玲，周均育，許碧蕙，李宜
麟，郭冠毅，葉川榮，王建堯，梁慶銅，劉
雅婷，林思騏合著；楊思偉，林政逸主編.--
二版.--臺北市：五南圖書出版股份有限公司，
2024.11
面；　公分
ISBN 978-626-393-901-1（平裝）

1.CST: 教育政策　2.CST: 文集　3.CST: 臺灣

526.1107　　　　　　　　113016725

114A

當代臺灣教育政策議題分析

著作主編 ── 楊思偉、林政逸

作　　者 ── 楊思偉、張碧如、葉天喜、林政逸、潘玉龍、
　　　　　　黃志雄、王淑玲、蔡霈瑀、張雅玲、周均育、
　　　　　　許碧蕙、李宜麟、郭冠毅、葉川榮、王建堯、
　　　　　　梁慶銅、劉雅婷、林思騏

編輯主編 ── 黃文瓊

責任編輯 ── 李敏華

封面設計 ── 封怡彤

出 版 者 ── 五南圖書出版股份有限公司

發 行 人 ── 楊榮川

總 經 理 ── 楊士清

總 編 輯 ── 楊秀麗

地　　址：106臺北市大安區和平東路二段339號4樓

電　　話：(02)2705-5066　　傳　　真：(02)2706-6100

網　　址：https://www.wunan.com.tw

電子郵件：wunan@wunan.com.tw

劃撥帳號：01060953

戶　　名：五南圖書出版股份有限公司

法律顧問　林勝安律師

出版日期　2021年5月初版一刷（共二刷）
　　　　　2024年11月二版一刷

定　　價　新臺幣400元

經典永恆・名著常在

五十週年的獻禮 —— 經典名著文庫

五南，五十年了，半個世紀，人生旅程的一大半，走過來了。
思索著，邁向百年的未來歷程，能為知識界、文化學術界作些什麼？
在速食文化的生態下，有什麼值得讓人雋永品味的？

歷代經典・當今名著，經過時間的洗禮，千錘百鍊，流傳至今，光芒耀人；
不僅使我們能領悟前人的智慧，同時也增深加廣我們思考的深度與視野。
我們決心投入巨資，有計畫的系統梳選，成立「經典名著文庫」，
希望收入古今中外思想性的、充滿睿智與獨見的經典、名著。
這是一項理想性的、永續性的巨大出版工程。
不在意讀者的眾寡，只考慮它的學術價值，力求完整展現先哲思想的軌跡；
為知識界開啟一片智慧之窗，營造一座百花綻放的世界文明公園，
任君遨遊、取菁吸蜜、嘉惠學子！